16세기 한 양반의
생존 전략

16세기 한 양반의 생존 전략

초판 1쇄 인쇄일	2025년 11월 19일
초판 1쇄 발행일	2025년 11월 26일
기　획	한국국학진흥원
지은이	유인태
펴낸이	한선희
펴낸곳	국학자료원 새미(주)
	등록일 2005 03 15 제251002005000008호
	경기도 고양시 덕양구 권율대로 656 원흥동 클래시아 더 퍼스트 1519, 1520호
	Tel 02)442-4623 Fax 02)6499-3082
	www.kookhak.co.kr
	kookhak2010@hanmail.net
ISBN	979-11-6797-274-3 *94910
	979-11-6797-264-4 *94910 (세트)
가격	19,000원

ⓒ 한국국학진흥원 인문융합본부, 문화체육관광부

* 이 책의 한국어판 저작권은 한국국학진흥원과 문화체육관광부에 있습니다. 신저작권법에 의해 보호받는 저작물이므로 무단 전재와 복제를 금합니다.

* 저자와의 협의하에 인지는 생략합니다.
　국학자료원 · 새미 · 북치는마을 · LIE는 국학자료원 새미(주)의 브랜드입니다.

유인태 지음
한국국학진흥원 기획

16세기 한 양반의 생존 전략

『쇄미록』에 담긴 선물과 교환

국학자료원

◈　책머리에

　한국국학진흥원은 2022년부터 문화체육관광부의 지원 아래 전통생활사총서 사업을 기획하였다. 이 사업은 전통시대 생활문화를 대중에게 널리 알리고자 해마다 20명의 생활사 전문 연구진을 섭외하여 추진해 왔다. 지난해까지 40종의 총서를 대중에게 선보였고, 올해도 다채로운 주제를 담은 20권을 발간하였다.

　한국국학진흥원은 국내에서 가장 많은 67만여 점에 이르는 민간기록물을 소장하고 있는 기관이다. 대표적인 민간 기록물이라 할 수 있는 일기와 고문서는 당시 사람들의 일상을 세밀하게 이해할 수 있는 생활사의 핵심 자료이다.

　그동안 한국의 역사는 '조선왕조실록'이나 '승정원일기'와 같이 세계적으로 자랑할 만한 국가 기록물의 존재로 인해 중앙을 중심으로 이해되어 온 경향이 있다. 반면 민간의 일상생활에 대한 이해와 연구는 상대적으로 덜 주목받은 것도 사실이다. 다행히 한국국학진흥원은 일찍부터 민간에 소장되어 소실 위기에 처한 자료들을 수집하고 보존 처리하며 관리해 왔다. 나아가 이들 자료를 번역하고 심층 연구하여 대중에 공개했다. 이러한 민간 기록물을 활용하고 일

반 대중에게 기여할 수 있는 효과적인 방법으로, '전통시대 생활상'을 생생하게 재현한 대중서로 집필하기에 이르렀다. 이는 일반인이 쉽고 재미있게 읽을 수 있는 전통생활사총서를 간행한 이유이기도 하다.

총서 간행을 위해 일찍부터 생활사의 세부 주제를 발굴하는 전문가 자문회의를 개최하고, 전통 생활문화를 가장 잘 구현할 수 있는 핵심 키워드를 선정하였다. 인간의 생활을 규정하는 보편적 분류인 정치, 경제, 사회, 문화의 큰 틀 아래, 매년 각 분야에서 핵심적이고 흥미로운 키워드를 선정하여 집필 주제를 정했다. 이번 총서의 키워드는 정치는 '지방 수령의 생활', 경제는 '시장 경제와 화폐 유통', 사회는 '질병과 의료', 문화는 '여가생활'이다.

각 분야마다 5명의 전공자로 집필진을 구성하고, 독자들이 어디서나 가볍게 들고 다니며 쉽게 읽을 수 있도록 다양한 사례를 풍부하게 담아달라고 요청하였다. 풍부한 사례 제시와 더불어 전문 연구자의 깊이 있는 시각을 담아 대중성과 전문성을 동시에 담보할 수 있는 것이 본 총서의 매력이다.

전문적인 서술로 대중을 만족시키기는 결코 쉽지 않다. 원고 의뢰 이후 5월과 8월에는 각 분야의 전공자를 토론자로 초청하여 2차례의 포럼을 진행하였고, 11월에는 완성된 초고를 바탕으로 대규모 학술대회를 개최하였다. 포럼과 학술대회를 통해 원고의 방향과 내용이 더욱 견고해지도록 점검하는 시간을 가졌다. 원고 수합 이후에는 각 책마다 전문가 3인의 심사 의견을 받았다. 출판사를 선정하여 수차례의 교정과 교열 작업을 거치며 완성도를 극대화했다. 책이 세상의 빛을 보기까지 꼬박 2년이 걸렸다. 짧다면 짧은 기간이지만, 2년의 응축된 시간 동안 꾸준히 검토 과정을 거쳤고, 토론과 교정을 통해 원고의 완성도를 높이기 위해 분주히 노력했다.

전통생활사총서는 국내에서 간행하는 생활사총서로는 가장 방대한 규모이다. 국내에서 전통생활사를 연구하는 학자 대부분을 포함하였다. 2024년도 한 해의 관계자만 연인원 백 명이 넘는 명실공히 국내 최대 규모의 생활사 프로젝트이다.

1990년대 이후 폭발적으로 증가했던 일상생활사와 미시사 연구에 대한 학계의 관심이 근래 들어 다소 소홀해진 상황이다. 본 총서의 발간이 생활사 연구에 활력을 불어넣는 계기가 되기를 기대한다. 연구의 활성화는 연구자의 양적 증가로 이어지고, 연구의 질적 향상 또한 이끌 것이다. 이는 전통문화에 대한 대중들의 관심 역시

증폭시키는 선순환을 만들어 낼 것이라 고대한다.

본 총서는 한국국학진흥원의 연구 역량을 집적하고 이를 대중에게 소개하기 위해 기획된 대표적인 사업 중 하나이다. 참여 연구자의 대다수가 전통시대 전공자이며 앞으로 수년간 지속적인 간행을 준비하고 있다. 올해에도 20명의 새로운 집필자가 각 어젠다를 중심으로 집필에 들어갔고, 내년에 또 20권의 책이 간행될 예정이다. 앞으로 계획된 총서만 100권에 달하며, 여건이 허락하는 한 이 소중한 작업을 지속할 예정이다.

대규모 생활사총서 사업을 지원해 준 문화체육관광부에 감사하며, 본 기획이 가능하게 된 것은 한국국학진흥원에 자료를 기탁해 준 분들 덕분이다. 다시 한번 깊이 감사드린다. 아울러 총서 간행에 참여한 집필자, 토론자, 자문위원 등 연구자분들께도 진심으로 감사 인사를 전한다. 책의 편집을 책임진 국학자료원에도 고마움을 표한다. 이 모든 과정은 한국국학진흥원 여러 구성원들의 노력이 있었기에 가능했다.

2025년 11월
한국국학진흥원 인문융합본부

차례

책머리에   4

들어가는 말_『쇄미록』에 담긴 거래의 흔적을 쫓아   11

1. 거래, 피란과 일상의 사이   15

오희문, 전란과 마주하다   17
패랭이皮郎笠, 피란 속 교환의 매개   20

2. 임천에서의 나날들(1593~1596)
  : 환란 속 거래의 시도   27

임천林川, 거처를 세 번이나 옮기다   29
끝없는 굶주림과 이산離散의 고통을 어이할까   41
큰 사위 자방子方이 가까이 있어   52
임천 일대의 장시場市와 교환의 양상   69

3. 평강에서의 나날들(1597~1600)
: 거래 속 안정의 도모   81

평강平康, 깊은 산 물 맑은 곳을 찾아서   83
난리 통에도 삶은 다시 이어지고   89
내 아들 윤겸允謙이 이곳 수령일지니   96
평강 일대의 장시와 교환의 양상   113

4. 물품 매매 및 물자 조달과 노비의 역할   127

막정莫丁, 죽은 뒤에도 보탬이 되다   132
덕년德年, 먼 거리의 시장을 오가다   137
광이光伊, 서울에서 물자를 조달하다   143
향춘香春, 집안 살림에 심부름도 맡다   150

5. 생활을 위한 가축 거래 및 관리의 양상   157

내가 소를 빌려주면 자네는 무엇을 줄 텐가   161
구하기도 기르기도 쉽지 않은 것이 말일지니   167

꿩고기를 먹으려면 매를 날려야 하네 174
병아리 쫓는 고양이 없자 쥐가 누에를 잡네 186

6. 번동反同, 시세 차익의 기대와 굴절   193

번동이란 무엇인가? 195
생존 너머 생활을 찾아서 201

주석 205

참고문헌 221

들어가는 말_『쇄미록』에 담긴 거래의 흔적을 쫓아

오희문吳希文(1539~1613)의 『쇄미록瑣尾錄』은 1591년 11월부터 1601년 2월까지 약 9년이 넘는 기간 동안 왜란을 피해 전국을 떠돌며 작성한 일기이다. 관련해서 '쇄미瑣尾'라는 제목은 『시경詩經』,「패풍邶風 모구旄丘」의 '쇄혜미혜瑣兮尾兮 유리지자遊離之子'라는 구절에서 따온 것으로, '떠돌아다니는 사람이 쓴 자잘하고 하찮은 기록'이라는 의미를 담고 있다. 『쇄미록』에는 임진왜란 직전부터 정유재란 직후까지 전란 중 양반이 영위한 생활의 다양한 모습이 풍부하게 서술되어 있다. 이 때문에 조선 중기의 사적私的 기록 가운데서도 그 가치를 높게 평가받는 저술이라 하겠다.

이 책에서 참고한 『쇄미록』 저본은 2018년 국립진주박물관 발행본이다. 전주대학교 한국고전학연구소에서 번역하고 ㈜사회평론아카데미에서 출간한 것으로, 전체 7책 815장의 일기 원본이 번역본 6권과 한문 표점본 2권을 합쳐 총 8권 분량의 책으로 간행되었다. 해당 번역본은 해주오씨 추탄공파 종중 소유로 1991년 보물 제1096호로 지정되어 현재 진주박물관에 소재하고 있는 필사본 『쇄미록』 원본을 저본으로 하여 교감·표점된 것이기에, 그간 출간된 여러 영인

본[1]과 번역본 가운데서도 가장 신뢰할 만한 간본이라 하겠다.

『쇄미록』에 담긴 방대한 내용 가운데서도 이 책에서 중심적으로 다루고자 한 것은, 피란 생활 속에서 오희문이 영위한 선물 및 교환의 양태와 그 특징에 관한 것이다. 오희문은 1591년 11월 한양을 출발해 남행을 단행한 이후로 호서와 호남 여러 곳을 다니며 피란 생활을 지속했다. 그 가운데서도 6개월 이상 장기 체류한 곳으로 장수, 홍성, 부여, 평강 네 곳을 꼽을 수 있다. 오희문은 1592년 4월부터 10월까지 대략 6개월간 전북 장수에 머물렀으며, 그해 10월부터 1593년 6월까지 약 8개월간은 충남 홍성에 머물렀다. 1593년 6월부터 충남 부여(임천)를 중심 거주지로 삼아 1596년 12월까지 약 3년 6개월간 그곳에서 생활했으며, 1597년 2월부터 1601년 2월까지 약 4년간은 강원 평강으로 이사하여 살았다.

기간	생활권역	거주기간	특이사항
1592년 4월~1592년 10월	전북 장수	약 6개월	-
1592년 10월~1593년 6월	충남 홍성	약 8개월	-
1593년 6월~1596년 12월	충남 부여	약 3년 6개월	큰사위 신응구 함열현감 부임
1597년 2월~1601년 2월	강원 평강	약 4년	큰아들 오윤겸 평강현감 부임

오희문이 임천林川(지금의 충남 부여)과 평강平康(지금의 강원도 북한 지역)을 거주지로 삼아 생활한 시기를 중심적으로 살펴보고자

한 것은 단순히 그곳에 머무른 시간이 장수와 홍성에 비해 상대적으로 더 길기 때문만은 아니다. 오희문이 임천을 거주지로 삼은 지 약 1년이 조금 지난 1594년 8월 무렵 그의 큰딸이 인근 함열(지금의 전북 익산) 현감으로 있던 신응구申應榘(1553~1623)와 혼인을 했다. 임천에서 하루 정도면 왕복할 수 있는 가까운 곳의 수령을 사위로 얻어 짧지 않은 기간 그에 의지해 생활했기 때문에, 먹을 것을 포함한 여러 물자의 선물 및 교환의 흔적이 어떠했는지 살펴볼 부분이 많다. 평강에 있을 때는 그의 큰아들 오윤겸吳允謙(1559~1636)이 평강 현감으로 부임해 있었기에 생활의 혜택을 다채롭게 누렸다. 임천에 있을 때와 마찬가지로, 생활 속에서 이루어지던 물자의 공급 및 거래 양상을 다각도로 조명해 볼 여지가 많다.

참고로 『쇄미록』을 대상으로 현재까지 학계에 발표·소개된 논문[2] 가운데, 넓은 범위의 경제 활동이자 거래 행위로서 사람들과 선물을 주고받은 일이나 시장場市을 매개한 교환의 정황을 정리·분석한 연구가 일부 있다.[3] 이 책에서 다루는 내용은 그러한 기존 연구의 토대 위에 있음을 밝히는 바이다. 특히 오랜 기간 『쇄미록』을 연구해 오신 이성임 선생님의 여러 연구논문은 오희문의 거래 활동이 지닌 맥락과 성격을 분석하여 해부해 보임으로써, 이 책이 드러내 보이고자 한 세세한 내용의 큰 줄기를 이미 짚고 있다.

이 책은 그러한 기존 연구의 축적을 바탕으로, 선물과 교환을 중심으로 한 오희문의 거래 활동이 그를 포함한 그의 가족이 영위한 직접적 생활상과 연계하여 어떠한 의미를 지니는지, 그 세부적 정황을 미시적으로 풀어내는 데 주력했다. 다행인지 불행인지 『쇄미록』을 대상으로 이 책이 천착한 방식의 글쓰기가 아직 세상에 나오지 않은 덕분에, 오희문의 거래 활동과 그 이면에 담긴 일상생활의 여러 복잡한 일면을 연계하여 종합적으로 들여다보는 작업을 시도해 볼 수 있었다.

한편으로 그러한 당찬 의도만큼이나 글감으로 정리한 내용을 모두 이 책에 담아내지는 못했음을 밝히는 바이다. 전체 구성이라든지 장절 간 연결고리라든지, 서술 내용의 맥락과 밀도라든지, 단행본의 완결성을 좌우하는 여러 지점을 고려하여 최종 원고를 다듬는 과정에서 덜어낸 부분이 적지 않다. 아쉽지만 그러한 내용들은 향후 다른 채널을 통해서 소개할 기회가 있지 않을까 싶다. 여러 가지로 부족한 글이지만, 모쪼록 『쇄미록』이라는 문헌과 오희문이라는 인물을 이해하는 데 이 책이 작게나마 보탬이 있기를 바란다.

그리고 짧은 지면이나마, '전통생활사총서'라는 의미 있는 발간 과업에 참여할 수 있게끔 해주신 한국국학진흥원 관계자 선생님들께 감사하다는 말씀을 드린다.

저자 유인태 올림

1

거래,
피란과 일상의 사이

오희문, 전란과 마주하다

오희문吳希文(1539~1613)은 오인유吳仁裕를 시조로 하는 해주오씨 13세로서, 그의 조부 오옥정吳玉貞은 석성石城(지금의 충남 부여군 석성면) 현감縣監을 지냈다. 사헌부 감찰監察을 역임한 아버지 오경민吳景閔(1515~1575)과 어머니 고성남씨固城南氏 사이에서 3남 4녀 중 장남으로 태어난 오희문은 연안이씨延安李氏와 혼인했다. 부부 사이에는 4남 3녀가 있었는데, 네 아들 중 맏이가 오윤겸吳允謙(1559~1636), 둘째가 오윤해吳允諧(1562~1629), 셋째가 오윤함吳允諴(1570~1635), 넷째가 오윤성吳允誠(1576~1652)이다.

그림 1
권오창 그림, 〈오희문 초상〉, 2020년 복원,
해주오씨 추탄공파 종중 소장, 국립진주박물관 이미지 제공

후일 네 아들 가운데 맏이 오윤겸이 영의정에 오르는 등 현달하면서 가문의 위상이 크게 올랐으며, 중부 오희인에게 출계한 둘째 오윤해의 셋째 아들 오달제吳達濟(1609~1637)가 병자호란 때 청나라에 끌려간 삼학사三學士 가운데 한 사람으로 그 충절을 크게 떨침으로써, 해주오씨 일가의 위상은 한층 높아졌다. 이후로도 문과에 급제하여 고관을 역임한 후손들이 계속 나왔으니, 숙종 대 여러 벼슬을 역임하며 소론의 대표적 인물로 활동한 오도일吳道一(1645~1703)은 오희문의 증손이며, 영조 대 이인좌의 난을 토벌한 1등 공신으로서 우의정까지 오른 오명항吳命恒(1673~1728)은 오희문의 내손來孫 즉 5대손이다.

오희문은 자신의 일기인 『쇄미록』 외에 별다른 기록을 남기지 않았다. 해주오씨 가문이나 그의 직계 후손들도 그에 관한 정보를 뚜렷하게 기록하지 않았기에, 그의 일기인 『쇄미록』을 제외하고는 사실상 오희문 개인에 관한 정보를 분명히 확인할 수 있는 채널은 없다고 해도 무방하다. 『쇄미록』은 기본적으로 피란 일기이기에 임진왜란 발발 이후 오희문이 전란을 피해 다닌 여정과 그 생활을 집중적으로 기록하고 있지만, 임진왜란 이전 오희문의 동향 또한 함께 담고 있다. 예컨대 『쇄미록』에 의거하면, 오희문은 왜란이 벌어지기 전 1591년 11월 본가인 한양 관동館洞(성균관 인근 마을)에 머무르고 있었던 것으로 보인다. 11월 27일 새벽 그는 지방에 살던 여러 친척을 방문하고 성주星州와 장흥長興 등지에 살던 노비의 신공身貢을 거두기 위해 남행길에 오른다. 한양을 떠난 그는 약 5개월간 용인龍仁, 양산陽山, 직산稷山, 목천木川, 연기燕岐, 은진恩津, 여산礪山, 전주全州, 장수長水, 무주茂朱, 영동永同, 남원南原, 곡성谷城, 순천順天, 보성寶城, 장흥長興, 강진康津, 영암靈巖, 남평南平, 화순和順, 창평昌平, 옥과玉果 등 여러 고을을 다녔으며, 그중 장수에 머무르던 1592년 4월 중순 임진왜란 소식을 듣는다.

당시 오희문은 장수현감長水縣監으로 있던 처남 이빈李贇을 방문하고 있었는데, 6월 말경 왜적을 피해 이빈의 가족과 함께 산속으로 들어가 생활하다가 9월 말경 다시 관아로 내려온다. 가족과 흩어져 생사조차 모르던 상황에서 처자식이 살아 있다는 소식을 들은 오희문은 그해 10월 홍주洪州(충남 홍성군)로 이동해 가족들을 다시 만난다. 얼마 안 있어 연로한 어머니가 태안泰安에 계신다는 소식을 듣고, 오희문은 12월 길을 떠나 태안으로 가서 직접 어머니를 모시고 홍주로 돌아온다. 이후 오희문은 약 6개월가량을 홍주에 머무르다 1593년 6월 임천林川(충남 부여군)으로 거주지를 옮긴다. 좀처럼 끝나지 않는 전란 속에서 어떻게든 일상을 되찾고자 여러 방편을 본격적으로 모색하기 시작한 것이 바로 이즈음이라 하겠다.

패랭이皮郎笠, 피란 속 교환의 매개

피란 가운데 일상의 회복을 도모하기란 쉽지 않았다. 약 9년 가까이 이어진 피란 생활은 오희문에게 그야말로 고통 그 자체였다. 가혹한 전란의 참상을 목도하는 것도 괴로운 일이었지만, 가족들과 흩어져 그 생사조차 알 수 없는 가운데 당장의 끼니조차 잇기 어려운 현실의 가혹함은, 늘 오희문으로 하여금 살아 있다는 의미와 살아가야 한다는 의지를 새롭게 되새기도록 만들었다.

가령 피란避亂은 평범한 삶이 파괴된 상황으로서, 생활daily life의 외연이 일상日常과는 확연히 다를 것이라는 생각이 일반적이다. 그런데 일상이 파괴된 것으로서가 아니라 전란이라는 특수성에 의해 일상이 재구성된 것으로서 피란의 의미를 짚어 볼 경우, 피란 생활의 여러 양태는 피란 이전의 평범한normal 일상을 거꾸로 엿보게끔 하는 기능도 한다고 보아야 한다. 『쇄미록』은 기본적으로 피란 일기이지만, 동시에 생활일기로서 다채로운 면모를 내용 곳곳에 품고 있다 여겨지는 이유이기도 하다.

피란과 일상의 중첩으로서 흥미로운 내용들이 『쇄미록』 곳곳에 자리하고 있는데, 그중 대표적 사례 하나를 꺼내어보자면, 패랭이皮郎笠 거래를 언급할 수 있다. 패랭이는 대체로 평량자平凉子, 평량립

그림 2 ─────────
패랭이, 국립민속박물관 소장, e뮤지엄에서 전재

平凉笠, 폐양립蔽陽笠 등의 표현으로 나타나는데, 『쇄미록』에서는 주로 '피랑립皮郞笠'으로 언급된다.

어느 시점부터 양반과 서인庶人이 주로 쓰는 관모로 갓이 자리 잡게 됨에 따라, 패랭이는 그들 사이에서 상대적으로 그 용도가 축소되었다. 조선 후기로 갈수록 패랭이는 신분이 낮은 사람들이 쓰는 모자의 대표 격으로 여겨지게 되었다. 가령 천인賤人도 패랭이를 쓸 수 있었지만, 길에서 양반을 만나면 패랭이를 벗고 예를 갖추는 것이 일반적인 습속이었다.

흥미로운 점은 패랭이가 단순한 모자로서가 아니라 당시 일종의 교환수단으로 여겨졌다는 사실이다. 그에 관한 단서가 『쇄미록』 여러 곳에서 확인된다. 예를 들어 오희문이 노奴 덕년과 갯지를 시켜 쌀을 가지고 한산韓山(현재의 충남 서천군 한산면)의 시장에 가서 패랭이를 사 오게 한 일이라든지[1596년 12월 16일 일기], 양식이 떨어져서 노奴 광이에게 패랭이를 보내어 쌀로 바꾸도록 한 일이라든지[1597년 1월 3일 일기], 덕년이 패랭이를 가지고 철원 시장에 가서 생선을 사 오려고 한 일이라든지[1597년 5월 20일 일기], 셋째 아들 윤함이 해주에서 찾아왔는데 패랭이 14개를 가지고 조기 17뭇을 바꾸어 온 일이라든지[1597년 12월 7일 일기], 큰딸이 편지와 함께 패랭이 10개를 부쳐 보내며 팔아서 쓰라고 한 일이라든지[1600년 6월 22일 일기], 덕년으로 하여금 패랭이를 깨, 느타리버섯, 석이 등의 물건으로 바꾸게 한 일[1600년 10월 11일, 10월 17일 일기] 등이 그 대표적 사례다.

패랭이가 당시 시장에서 뚜렷한 교환 수단으로 여겨진 배경이 무엇인지는 정확히 알기 어렵다. 보편적 교환 수단으로 활용되던 미곡米穀과 면포綿布의 생산량이 전란으로 인해 절대적으로 감소함에 따라, 성인 남성 대부분이 쓰고 다니던 착용품으로서 패랭이가 일정 부분 그 기능을 대신하게 되었을 것이라는 추정도 가능하겠으나, 어디까지나 짐작일 뿐이다. 관련해서 17세기 문인 조극선趙克善(1595~1658)이 쓴 「삼관기三官記」의 '목관目官'에 아래와 같은 내용이 기록되어 있다.

우리나라의 일반민은 옛날에 모두 평량자平凉子를 썼다.

혹 '폐양자蔽陽子'라고도 불렀는데, 그것은 대나무를 엮어서 만들고 그 몸체를 희게 했으며, 오직 역졸驛卒만 까맣게 염색해서 썼다. 고을에는 혹 소위 '입점笠店'이라는 것이 있었는데, 모두 평량자를 만드는 장인들이 모여 사는 곳이었다. 세상의 이익을 좇는 자들이 대부분 그것을 바꾸다 판매하였다. 속된 말로 양반을 '흑립자黑笠者'라고 부르는데, 일반민이 쓰는 평량자의 색이 하얀 까닭이다. 임진왜란 때 왜적이 양반을 만나면 반드시 죽이고 용서하지 않는다는 말이 있어, 한때 신분이 높은 사람이나 낮은 사람이나 모두 평량자를 썼다. 중국 장수가 이상하게 여겨 묻자, 대답하기를, "임금께서 도성을 떠나 피난을 가셨는데, 신하 된 자가 차마 미려한 복색을 착용할 수 없어 일반민의 예로 자처한 것입니다."라고 하였다.[4]

패랭이가 당시 시장에서 교환 수단으로 활용된 이유가 무엇인지 헤아려 볼 만한 단서가 위의 인용문에서 확인된다. 전란이 없던 평소에도 패랭이의 수요는 적지 않았으며, 왜란의 발발 및 장기적 지속은 시장에서 그 수요를 더욱 증가시킨 원인으로 작용하지 않았을까 생각된다. 예컨대『쇄미록』에 기록된 아래 내용은 오희문과 그의 지인 소지蘇騭 사이의 일화를 담고 있는데, 왜란이 지속되던 당시 시장에서 패랭이가 얼마나 뚜렷한 교환 수단으로 활용되었는지 짐작해 볼만한 구체적 사례라 하겠다.

> 소지蘇騭가 일 때문에 현에 이르러 이제 막 와서 보았다. 오랫동안 보지 못하다가 우연히 서로 만나니 매우 위로가 되고 기쁘다. 소지는 지난가을에 피난하여 지금 한양 서강西江 삼포三浦에 살면서 번동反同으로 먹고 산다고 한다. 내가 지난 병신년(1596) 겨울에 임천에서 떠나올 때 소지가 패랭이 30개를 부쳐 주면서, "만약 세상일이 다시 어지러워지면 온 집안 식구가 난리를 피해 아무 곳에 들어가실 테니, 우선 이 패랭이를 양식으로 바꿔서 두십시오."라고 했기 때문에 가지고 왔다. 그 뒤에 오랫동안 왜적이 침입하지 않아 내가 사적으로 15개를 쓰고 남은 것이 겨우 15개다. 지금 그것을 돌려주고 내가 쓴 것은 베 1필로 갚았다.[5]
>
> —1598년 1월 13일 일기

오희문의 입장에서 패랭이는 피란 중에 필요한 물건을 그때그때 바꿀 수 있는 무척 유용한 교환 수단이었다. 이곳저곳을 정처 없이 옮겨 다니는 가운데 그 보관이 용이하며, 어느 때 어느 곳에서나 어렵지 않게 다른 물품으로 바꿀 수 있었기에, 교환 수단으로서 패랭이는 그 효용이 무척 컸을 것이다. 거래의 구체적 대상이자 동시에 교환 가치가 뚜렷한 수단으로서, 당시 패랭이와 같은 물품은 많지 않았으리라 생각된다. 어떠한 물품이 보편적 교환 수단으로 여겨지기 위해서는 시장에서의 수요와 공급이 모두 일정 수준 이상이 되어야 하며, 그것을 바탕으로 한 실제 거래의 규모가 꾸준하게 유지되어야 했기 때문이다.

　패랭이라는 특수한 물품을 사고파는 양태는 피란 생활 중 오희문이 영위한 선물과 교환의 양상 가운데 하나다. 생존을 도모하기도 어려운 긴 전란의 와중에 조금이라도 일상을 되찾고자 했던 오희문의 고민과 노력은, 패랭이를 포함한 여러 물품을 주고받고 또 사고파는 모습들 가운데서 다채롭게 확인된다. 1593년 6월 시작되어 대략 3년 6개월간 이루어진 임천林川(지금의 충남 부여)에서의 생활은, 피란 생활의 불안정함에서 벗어나 일상의 안정을 소박하게나마 되찾고자 한 오희문이 거래 활동을 본격적으로 도모하기 시작한 날들이라 하겠다.

2

임천에서의 나날들
(1593~1596)
: 환란 속 거래의 시도

임천林川, 거처를 세 번이나 옮기다

왜란이 발발한 이후 오희문이 6개월 이상 장기 체류한 지역으로는 전북 장수, 충남 홍성, 충남 부여(임천), 강원 평강 네 곳을 꼽을 수 있다. 1592년 4월부터 10월까지 대략 6개월간 머무른 장수와 당해 10월부터 1593년 6월까지 약 8개월간 머무른 홍성의 경우, 피란 속 안정을 도모하기에는 거주 여건이 썩 좋지 않았다. 그에 비해 부여(임천)와 평강 두 곳은, 결과적으로 3년 이상 체류하면서 비교적 안정적 생활을 꾀했던 것으로 보인다. 특히 임천林川(현재의 충남 부여군 임천면)은 오랜 피란 생활 가운데 오희문이 나름대로 일상을 복구하고자 애를 썼던 최초의 생활 공간이라 할 수 있다.

1593년 4월 23일 오희문의 큰아들 오윤겸은 아우 오윤함과 함께 부여로 향한다. 당시 오희문 일가는 이사할 집을 찾고 있었는데, 오윤겸은 한산韓山(현재의 충남 서천군 한산면)에 있던 그의 처가댁 노奴가 살던 집을 보고 오려고 하였다. 당시 명나라 군사들을 접대하는 일로 한산 수령이 관아를 비우고 있었기에, 오윤겸은 한산을 방문하지는 않았던 것으로 보인다. 그로부터 20일가량 뒤인 5월 11일 오윤겸은 오랜 벗 함열현감 신응구로부터 편지를 받는다. "형의 집안일을 생각할 때마다 걱정입니다. 굶주림과 배부름을 함께하고

그림 3
《동여도》, 임천林川 인근, 서울대학교 규장각한국학연구원 소장

자 하니 즉시 가까운 곳으로 와서 살도록 하십시오."[6]라는 신응구의 전언을 들은 오윤겸은 5월 20일 함열로 떠난다. 한동안 소식이 끊겼던 오윤겸이 홍성으로 돌아온 것은 6월 2일이다. 오희문은 오윤겸으로부터 임천에 사는 조희보趙希輔의 이웃집을 얻었다는 이야기를 전해 듣는다. 새로 지은 지 얼마 안 된 집이라 아직 손볼 곳이 많고 또 마루도 없었지만 1593년 6월 2일 일기, 달리 이사할 곳이 없었고 또 집주인으로부터 집을 비우고 나가기를 독촉받는 처지였기

에[1593년 6월 1일 일기], 오희문 일가의 형편으로는 불행 중 다행이라는 말이 어울리는 상황이었다.

당시는 늦여름 장마가 심하던 터라 비로 인해 천변이 넘쳐 이삿짐을 옮기기 쉽지 않았고, 식량 사정마저도 좋지 않았다. 이 때문에 열흘가량 뒤인 6월 14일 노 막정에게 잡동사니 물건 한 짐을 싣게 하고, 두 아들 오윤해와 오윤함을 먼저 출발시켰다. 이삿짐을 옮길 말이 부족하던 상황에서 오희문은 가까스로 소 2마리를 빌려 6월 17일에 임천으로 출발했다. 6월 21일 임천의 새집에 도착한 오희문은 그에 관한 기록을 남겼는데, 흥미롭게도 오희문의 새 거주지가 자리한 '수다동水多洞'에 대한 단서가 식민지 시기 일본에 의해 제작된 3차 지형도에 남아 있다. 현재의 '부여군 세도면 수고2리 마을회관' 일대가 그곳이다.

> 식사 후에 강중과 작별하고 고을 동쪽 10여 리쯤 되는 곳으로 달려왔다. 이곳은 내가 옮겨서 우거할 소지蘇騭의 빈집이다. 집은 탁 트이고 훤한데 다만 좁아서 종들이 거처할 곳이 없고, 또 잡동사니 물건들을 간수해 둘 곳이 없다. 사방 이웃이 모두 멀리 있고 소씨蘇氏의 집만 있으니, 이것이 유감이다. 소지명(小地名, 최소 행정구역 지명)은 소지동小知洞

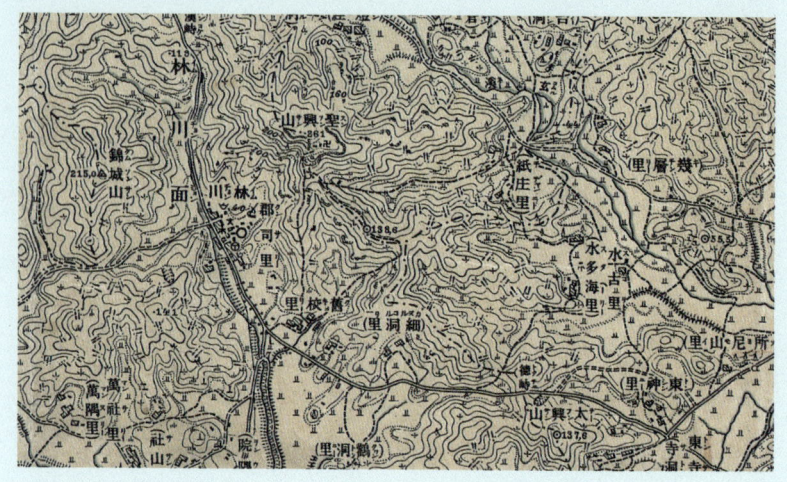

그림 4
3차 지형도 홍성 3(측도연도 1915, 제판연도 1916), 임천 치소와 수다동 일대,
국립중앙박물관 소장 조선총독부박물관 문서

이고, 대지명大地名은 수다동水多洞이라고 한다.[7]

—1593년 6월 21일 일기

    오희문은 대략 보름간 새로 얻은 집을 정비하고 휴식을 취한다. 그리고 영암의 여동생 집에 머무르던 어머니를 뵙기 위해 7월 13일 길을 나선다. 약 일주일간의 행로 끝에 7월 19일 영암에 도착한 오희문은 한동안 소식이 끊겼던 어머니, 여동생과 다시 만난다. 그곳에서 한 달 넘게 체류하다가 8월 29일 어머니, 여동생과 작별 인

사를 나누고 다시 영암을 떠나, 약 열흘 뒤인 9월 9일 임천 집으로 돌아온다.

한동안 수다동에 거처를 마련해 생활하던 오희문은 9월 말 무렵 새롭게 머무를 집을 찾는다. 새집을 빌리는 것을 문의하기 위해 9월 28일 아들 오윤해를 임천군수에게 보냈으며, 다음날인 9월 29일 군수를 만나기 위해 관아에 나갔다가 새로 빌려 들어갈 집을 직접 방문한다. 일기에는 "살기에 아주 적합했다. 다만 우물이 멀고 땔나무가 드문 것이 흠이다."[8]라고 기록했는데[1593년 9월 29일 일기], 두 번째 집은 첫인상이 그리 나쁘지 않았던 것으로 보인다. 오희문은 10월 1일 아들 오윤해와 두 명의 노를 거느리고 새집으로 가서 청소하고 창을 발랐으며, 나무를 해서 아궁이에 불을 지펴본다. 그리고 하루 뒤인 10월 2일 그곳으로 이사를 하는데, 임천에서의 두 번째 거주지인 '검암리儉巖里'는 현재의 '부여군 임천면 군사리 임천삼거리' 일대로 추정된다. 한편 오희문이 데리고 있던 가솔은 10여 명가량으로 그 규모가 작지 않았기 때문에, 집 하나로는 온 식구가 함께 생활하기에 충분치가 않았다. 이 때문에 고을 관아 인근에 집을 하나 더 구했던 것으로 보인다. 아래는 그에 관한 기록인데, '대조동大鳥洞'은 아마도 현재의 대조사大鳥寺 아래쪽에 자리한 마을이었던 것으로 짐작된다.

이른 아침을 먹고 고을 5리 밖 서쪽 변두리에 있는 검암리儉巖里의 백성 덕림德林의 집으로 옮겨 왔다. 두 번을 오갔더니 날이 벌써 저물었다. 덕림은 이미 오래전에 죽었다. 그의 외손자인 김화동金火同이 당시 이웃집에 살고 있었는데, 꺼리는 점이 있어서 여러 해 동안 이 집에 들어가지 않았다. 그러므로 집이 비어 있은 지 이미 오래되었고 다른 사람이 빌려서 살고 있어서, 군수로 하여금 집주인에게 패자를 보내 살고 있는 사람을 내쫓도록 하고 옮겨 온 것이다. 다만 매우 견딜 수 없는 점이 네 가지가 있다. 방의 온돌이 너무 차가워서 땔감 한두 다발로는 따뜻해지지 않는 것이 첫 번째 견딜 수 없는 점이고, 나무를 할 곳이 너무 먼 것이 두 번째 견딜 수 없는 점이며, 우물에 가는 길이 너무 먼 것이 세 번째 견딜 수 없는 점이고, 아침저녁으로 불을 때서 나오는 연기가 집 안에 자욱해서 눈을 뜰 수 없는 것이 네 번째 견딜 수 없는 점이다. 그러나 안팎이 갖추어지고 기와집이 깨끗하기 때문에 위아래 사람들 모두가 이 집을 좋아하여 다시는 옮기고 싶지 않다.[9]

―1593년 10월 2일 일기

아침 식사 전에 윤해와 함께 성덕린의 노奴의 집에 가서 안팎을 청소하고 아궁이에 불을 넣고 돌아왔다. 내일 옮겨 가려고 하기 때문이다. 다만 오래된 초가집이라 비가 새는 곳이 있고 방이 깨끗하지 않아서 걱정이다.[10]

-1593년 10월 3일 일기

윤해의 양모가 먼저 대조동大鳥洞 성덕린의 노奴의 집으로 갔다. 이곳은 방이 작아서 다 들어가지 못하므로 나누어 거처하게 한 것이다.[11]

-1593년 10월 4일 일기

 오희문은 이곳에서 약 1년간 가족들과 함께 머물렀다. 인근 지역을 방문하기도 하면서 나름의 안정을 취하고자 하였으나, 1594년 7월 그는 다시 한번 더 이사를 단행한다. 자신이 살던 집에 비가 새어 거처할 수가 없게 된 집주인이 오희문에게 나가 달라는 요청을 해왔기 때문이다(1594년 7월 7일 일기). 비가 오면 방에 물이 가득 차서 정상적인 생활이 불가능한 주인의 형편을 모른 척할 수 없었기에, 오희문은 이사 갈 집을 빨리 구하지 못하는 상황이 이어지자 부담이 상당했던 것으로 보인다(1594년 7월 14일 일기). 예를 들어 전경색田景

穡이라는 사람의 집으로 이사를 하려고 했지만, 그가 부엌을 갑자기 헐어 버려 이사를 하지 못하게 되자 불만을 토로하는 내용도 일기에 언급되어 있다[1594년 7월 15일 일기]. 그러던 와중에 7월 17일 어렵사리 조민趙敏이라는 사람에게 집을 구한 오희문은 7월 24일 급하게 이사를 한다.

> 아침을 먹기 전에 노奴를 보내서 조민趙敏에게 집을 빌렸는데, 들어와 살라고 한다. 밥을 먹고 내가 직접 가서 보니, 이곳과 멀지 않고 안채와 바깥채가 갖추어져 있으며 온돌방이 3개이다. 집 안에는 우물과 다듬잇돌이 있고 사방 이웃에 인가가 있어서 살기에 적당하다. 다만 오랫동안 사람이 살지 않아서 허물어지고 누추한 곳이 자못 있고, 지대가 낮고 습하며, 지붕에는 비가 새는 곳이 많다. 반드시 수리한 뒤에야 들어와 살 수 있겠다. 하지만 20일 뒤에는 옮기려고 한다.[12]
> —1594년 7월 17일 일기

> 이사할 집을 수리하고 여러 물건을 옮겼다. 저녁에 거처를 옮길 것이기 때문이다 (중략) 저물녘에 온 집안 식구들이 서쪽 가 제단 밑에 있는 조대영(趙大英, 조민)의 집으로

이사했다. 두 차례 오갔더니 밤이 이미 깊었다.[13]

―1594년 7월 24일 일기

새집으로 이사를 한 오희문은 노奴를 시켜 울타리와 뒷간을 만들었으며[1594년 7월 27일 일기], 타지에서 생활하고 있는 어머니를 모셔 올 생각까지 한다[1594년 7월 28일 일기]. 그러나 안타깝게도 이사한 집은 거주지로서 기능을 제대로 하지 못했던 것으로 보인다. 특히 종일 불을 때도 불이 잘 들어오지 않아 방이 춥고 눅눅한데 고쳐도 소용없어서 어머니를 모시고 오기가 어렵겠다는 기록[1594년 9월 16일 일기]이 있는 것을 고려할 때, 그곳으로 이사한 지 얼마 되지 않은 시점부터 다시 새집으로 이사해야겠다는 마음을 먹었던 것이 아닐까 싶다.

이러한 연유로 오희문은 다시금 이사를 하는데, 임천에서의 네 번째 거주지는 최인복崔仁福이라는 사람의 집이다. 9월 6일 오희문은 최인복을 찾아가 집을 빌려 들어가는 것에 대한 승낙을 얻었으며, 그로부터 이틀 뒤인 9월 8일 군수를 만나러 간 길에 최인복의 집에 들어가 실제 살 만한 곳인지 그 여부를 살펴본다. 그리고 한 달 뒤인 10월 8일 이사를 한다. 이사 전날 재미있는 에피소드가 하나 있는데, 오희문의 큰아들 오윤겸의 친구 홍준洪遵이 그 집에 들어가려 한 일화이다.

아침에 집주인 최인복이 와서 말했다. "홍洪 주서注書(홍준洪遵)가 먼저 들어가고자 하여 이미 비婢를 보내서 그 집을 지키고 있으며 저에게 묻지도 않고 먼저 짐을 옮겨 오늘 들어간다고 하니, 무슨 까닭인지 모르겠습니다." 나는 "분명 빈집이라서 내가 이미 빌린 줄 몰랐기 때문에 들어가려는 것일 게요."라고 하고, 큰 잔으로 술 두 잔을 대접해서 보냈다. 밥을 먹고 또 막정을 홍 주서에게 보내어, 내가 이미 집주인에게 집을 빌려 내일 거처를 옮길 것이라고 말해 주었다. 홍주서가, "나는 그런 줄도 모르고 이부장(이홍제)의 말만 듣고 들어가려고 했네. 이제 어르신께서 이미 빌려서 들어간다고 하시니 다툴 수가 없네. 나는 다시 다른 집을 구해서 들어가겠네."라고 하더란다. 내일 먼저 침구 등 여러 물건을 옮기고 저녁때 온 가족이 이사할 작정이다. 홍주서의 이름은 준遵으로, 한양에 있을 때 한마을에 살아서 전부터 알던 사이다. 윤겸의 어릴 적 친구이기도 하다. 지금은 어머니 상중이다. 지난달에 그의 장인인 판관 상시손의 집에 와서 살다가 도적이 무서워서 관가 근처로 옮기려는 것이다.[14]

−1594년 10월 7일 일기

그림 5
오희문이 이사를 여러 번 하며 거주지를 옮겨 다닌 부여군 임천면 군사리 일대,
국가지리정보원 국토정보플랫폼 전재(https://map.ngii.go.kr)

    내용을 통해 추측해 보자면, 최인복의 집은 고을 관아 인근이었던 것으로 짐작된다. '도적이 무서워서 관가 근처로 옮기려는 것'이라는 표현을 통해, 전란의 소용돌이 속에서 타지로 도망쳐 온 이들이 안정된 거주 공간을 얻기 위해 얼마나 많은 눈치를 보고 또 경쟁을 했을지 짐작해 볼 수 있다. 1596년 12월 임천을 떠나기 전까지 오희문은 약 2년간 이곳에 머무르며 어떻게든 살아가고자 하는 노력을 지속한다. 부족한 식량 사정과 가족과 떨어져 지낼 수밖에 없는 현실로 인해 일상을 안정적으로 영위하기란 무척이나 어려운 일이었지만, 이른바 '봉제사 접빈객'으로 대표되는 사대부의 생활을

영위하기 위해 오희문은 무척이나 안간힘을 썼다. 임천에 머무른 시기 일기에 기록된 세밀한 경제적 사정은, 당시 일상에서 오희문이 얼마나 고군분투했는지 짐작해 볼만한 구체적 단서라 하겠다.

〈표 1〉 임천林川에서 오희문이 머무른 곳과 체류한 기간

시기	기간	체류 지역	집주인
1593년 6월 21일 ~ 1593년 10월 1일	약 4개월	수다동水多洞	소지
1593년 10월 2일 ~ 1594년 7월 23일	약 10개월	검암리儉巖里 대조동大鳥洞	덕림 성덕린의 노
1594년 7월 24일 ~ 1594년 10월 7일	약 3개월	-	조민
1594년 10월 8일 ~ 1596년 12월 20일	약 2년 3개월	임천 관아 인근	최인복

끝없는 굶주림과 이산離散의 고통을 어이할까

오희문이 임천으로 온 뒤 여기저기 거처를 옮기며 살아남을 방도를 도모하던 중에도 아찔한 전쟁의 참극은 계속되었다. 불쌍한 백성들은 왜구의 칼과 창을 피해 이곳저곳 떠돌아야 했기에 농사를 제대로 지을 수 없었고, 이 때문에 먹을 것을 구하기 어려워 굶주리는 사람들이 나라 전역에서 늘어갔다. 오희문의 표현을 빌려와 당시의 상황을 서술하자면, 난리 가운데 사람들이 온전한 생활을 도모할 수가 없어서 각자도생으로 모두 도망쳐 숨었는데, 특히 전라도와 충청도는 길거리에서 구걸하는 자가 헤아릴 수 없을 만큼 많고, 굶어 죽은 시체가 길가에 널브러져 있는 풍경을 보는 것이 예삿일일 정도였다. 그 와중에 적지 않은 숫자의 사람들이 요역에 고통받으면서 칼과 창을 들고 성루를 지키거나 여러 진영에 군량을 옮기는 일에 동원되었다. 거기에 더해 공물 납부를 독촉하는 조도어사調度御史와 명나라 군사의 양식 수송을 재촉하는 독운어사督運御史가 여러 고을을 순행하면서, 자신들의 명령에 따르지 않는 이들을 향한 매질이 이어져 목숨을 잃는 자가 많았다. 여러 고을에서 비축해 놓은 곡식이 바닥나고 해마다 지급하던 환곡[還子]도 제공하지 않았으니, 일반 백성의 삶이 얼마나 비참하고 곤궁했을지 짐작해 볼 수 있다.

조도어사와 독운어사뿐만 아니라, 지역의 향병鄕兵을 모집하기 위해 곳곳을 누비던 소모관召募官 또한 농사를 짓지 못해 안 그래도 부족해진 식량 상황을 더욱 악화시켰다. 소모관들은 자칭 어사御使라는 구실로 여러 고을을 순행했는데, 그들이 다녀간 고을에서는 이른바 지공支供으로써 그들이 필요로 하는 음식과 물품을 바쳐야 했기에, 그 부담을 견디지 못하는 곳이 대다수였다. 여의치 않으면 고을 수령이 모욕을 당하고 또 관리들이 매질을 당하니 괴로워 도망치는 이들도 적지 않아, 한 마을에 열에 아홉 집이 비어 있는 경우가 많았다. 그 와중에 전염병이 퍼지고, 사람을 함부로 베어 죽이는 명화적明火賊까지 창궐하여 일반 백성이 목숨을 부지하기란 더욱 어려워졌다.

쑥대머리에 때 묻은 얼굴을 하고 온갖 짐을 등에 지거나 머리에 인 사람들이 늙은이를 부축하고 아이를 이끌며 정처 없이 떠도는 그런 고통스러운 풍경이 길에서 끊임없이 이어졌으며, 그런 모습을 늘 바라보아야 했던 오희문의 마음은 그야말로 찢어질 듯이 괴로웠다. 오희문의 일기에 기록된 왜란의 참상은 전쟁으로 인해 인간이 겪을 수 있는 그야말로 가장 참혹한 모습들로 가득하다. 예컨대 사족士族이나 상민常民 할 것 없이 자루를 들고 지팡이를 짚고서 이리저리 떠돌며 구걸하다가 문간에 서 있는 이가 날마다 열대여섯 명을 밑돌지 않는다는 이야기[1593년 4월 2일 일기], 저 혼자 살 길을 찾고자 가족을 버린 남편에 대한 원망과 서러운 토로를 길가에서 마주한 여성과 아이에게서 들은 이야기[1593년 7월 15일 일기], 그 어미가 버리고 가버려 목숨을 부지할 날이 얼마 남지 않은 어린아이의 울음소리와 마주한 이야기[1594년 1월 23일 일기], 굶어 죽은 어미의 시체 곁에 앉아 울고 있던 두 아이가 시체를 땅에 묻기 위해 호미를 빌리려고 한 이야기[1594년 2월 14일 일기], 열두세 살쯤 된 여자아이 하나가 왜적의 손에 부모를 잃고 여기저기 떠돌다가 문밖에 찾아와 먹을 것을 구걸한 이야기[1594년 4월 3일 일기], 아비는 병들어 죽고 그나마 남아 있던 어미마저 자신들을 버리고 가 버리자 머지않아 굶어 죽을 것이라고 문밖에서 통곡을 그치지 않던 어린 남매를 마주한 이야기[1594년 6월 6일 일기] 등. 전쟁의 참극 가운데 겪어야 했던 형용하기 어려운 심경들이 일기 곳곳에 남아 있다. 그중에서도 아래 내용은 기록되어 전하지 않았다면 차마 믿을 수 없을 정도로 끔찍한 전란의 참혹함을 여실히 보여주는 예라고 하겠다.

> 최근에는 걸인이 매우 드물다. 모두가 "두어 달 사이에 이미 다 굶어 죽었기 때문에 마을에 걸식하는 사람이 보기 드물다."라고 한다. 멀리 볼 것도 없이 이 고을 근처에도 굶어

죽은 사람이 길가에 즐비하니, 사람들의 말이 거짓은 아니리라. 듣기로 영남과 경기 지방에서는 사람들이 서로 잡아먹는 일이 많으며 심지어 6촌의 친척까지도 죽여서 먹는다고 한다. 늘 불길하다고 여겼는데, 지금 또 들으니 한양 근처에서는 예전에는 지니고 있는 물건이 1, 2되의 쌀이라도 죽여서 그것을 빼앗았다면, 근래에는 혼자 가는 사람을 쫓아가 죽여서 잡아먹는 것이 마치 산짐승과 들짐승처럼 아무런 거리낌이 없다고 한다. 사람의 부류가 멸실되어 죄다 말라버리겠다.[15]

—1594년 4월 3일 일기

이렇듯 어려운 현실 가운데서 지방관의 역할은 무척 중요했다. 곳간이 텅텅 비어 피폐해진 지방 관아의 살림을 복구·유지해야 했고, 더 나아가 전란으로 인해 지친 백성들의 마음까지 어루만져야 했기 때문이다. 하지만 현실은 늘 이상과 다른 법이다. 지방 수령으로 부임하는 관리들 또한 욕심이 있는 사람이었기에, 민생을 돌보는 데 주력하기보다 자신의 이익을 착복하는 경우가 더 많았던 것으로 보인다. 아래 1595년 2월 6일 자 일기의 내용은 그러한 현실을 여실히 보여준다.

이전에는 한 고을에 감관監官이 매우 많고 또 순찰사가 군관 3명을 정해 보내서 염초焰硝를 관리하거나 작미作米를 감독하다 보니 허비하는 비용이 너무 많아서, 이로 인해 관아에 쌓아 놓은 곡물이 탕진되었다. 이뿐만 아니라 명령이 내려왔을 때 조금이라도 뜻에 안 맞으면 하리下吏들을 매질했고, 심지어 향임鄕任도 형장刑杖을 받는 모욕을 당하기까지 했다. 이는 모두 군수가 어리석고 졸렬하며 사람됨이 경박해서, 상하가 편안히 보존하지 못하여 모두 회피할 생각만 하고 향소鄕所를 맡은 자도 모두 어리석고 무식해서이다. 매번 일이 생기는 것이 그저 이 때문이다. 지금 군수가 부임해서 즉시 명령하여 군관을 돌려보내고 또 감관을 폐지하여 모두 직접 처리하며 향임을 바꾸어 정하니, 온 고을 사람들이 우러러본다. 번거로운 비용을 모두 없애서 민생이 거의 휴식할 수 있어 모두 삶을 즐거워하는 마음이 생기도록 했으니, 사람의 현명함과 어리석음이 어찌 이처럼 현격한가. 수령을 가려서 쓰지 않으면 안 된다는 것을 여기에서도 알 수가 있다. 나 또한 이곳에 와서 우거한 지 이제 3년이다. 그동안 군수가 다섯 번 바뀌었는데, 이곳에 사는 백성이 역대 군수를 품평한 말을 익히 들었다. 윤견철尹堅鐵은 조금 낫지만 탐욕스럽고, 임극任克은 그다음이며, 가장 용렬한 자는 이구순李久洵인데, 깊이 복종할 만한 것은 임극의 맑고 간략한 지조라고 했다.[16]

— 1595년 2월 6일 일기

스스로가 명문거족은 아니었지만, 서울에 살면서 여러 유력 사대부와 친교를 맺어온 덕분에 오희문은 인근 지역에 부임한 수령들과 순찰사들로부터 먹을 것에 대한 도움을 많이 받았던 것으로 확인된다. 남들보다는 그나마 물질적 사정이 나았던 것이다. 그러나 관아의 사정도 점점 나빠져 갔기 때문에, 계속해서 관아의 도움을 받을 수도 없는 노릇이었다. 관둔전과 휴경지를 빌려서 노비와 일꾼들을 활용해 농사를 짓고자 하였으나, 대체로 큰 소득은 없었던 것으로 보인다. 춘궁기나 흉년에 곡식을 빌려 먹을 수 있게끔 했던 제도인 환곡[還上] 또한 딱히 실효성이 없었다. 관찰사나 도사都事의 명이 없으면 고을 수령이 환곡을 주지 않는다는 일기 속 언급[1594년 3월 8일 일기]을 통해, 식량 사정이 얼마나 극악했는지 유추해 볼 수 있다.

이러한 상황에서 양식과 찬거리가 다 떨어졌는데 구걸할 곳이 없어 굶주리게 생겼다는 한탄이 일기 속에서 끊임없이 언급된다. 지역 수령이 곡식을 내어주지 않아 서운해하는 모습들과 인근에 살던 지인들로부터 양식을 꾸리고 애쓰는 모습들 또한 일기 곳곳에 남아 있다. 딱히 먹을 것이 없는 가운데 간신히 입에 풀칠하기 위해 오희문이 주로 먹었던 양식은 콩죽이었다. 그나마 콩죽이라도 먹을 수 있으면 다행이었다. 예컨대 말에게 먹일 콩을 삶던 도중에 굶주린 사람이 들어와서 그것을 훔쳐 먹는 경우도 있었고[1594년 1월 4일 일기], 소나무 속껍질을 벗겨 먹거나[1594년 2월 18일 일기], 산나물을 삶아 먹거나[1594년 3월 23일 일기], 회화나무 잎을 따서 먹거나[1594년 3월 30일 일기] 하는 등 그야말로 초근목피로 연명하는 생활이 지속되었다. 하단에 인용한 내용은, 당시 일상이 얼마나 고통스러웠을지를 짐작하게 한다.

> 최근에 계속 나뭇잎으로 위아래 사람들의 아침저녁 끼니를 때우는데, 나뭇잎도 억세져서 연하지가 않다. 먹을 것을 보태기 어려운 형편에, 산나물마저도 나는 곳이 아니라서 더욱 얻기가 어렵다. 보리가 익기 전에 모두 도랑 속에 나뒹굴어 죽을 것이다. 한탄한들 어찌하겠는가.[17]
> —1594년 4월 7일 일기

근래에 굶주리고 지친 나머지 무료하고 근심스러우며 괴

로운 마음을 풀 수가 없어 늘 바둑판을 마주한 채 홀로 바둑(楸子) 놀이를 일삼는다. 이는 즐기기 위해서가 아니라 굶주림을 잊고 긴긴날을 보내기 위한 것이다.[18]

-1594년 6월 26일 일기

    오희문을 힘들게 한 것은 비단 굶주림뿐만이 아니었다. 함께 먹고 살길을 도모하지 못한 탓에 가족들과 뿔뿔이 흩어지는 생이별을 겪었으며, 집안 살림을 도와주던 노비들 또한 하나둘 도망을 치거나 목숨을 잃는 상황이 벌어졌다. 1593년 1월 오희문을 포함해 온 집안 사람들이 전염병과 홍역에 걸려 힘들어하던 중에, 2월이 되자 오희문의 어머니 고성固城남씨는 딸이 살던 영암으로 거처를 옮긴다. 도저히 함께 살 수 있는 형편이 안 되었던 것이다. 이후로 오희문은 어머니를 모시지 못했다는 슬픔과 안타까움 속에서 생활하며, 경제적 상황이 나아져 다시 어머니를 모실 날이 오기를 늘 꿈꾸었던 것으로 보인다. 일기에서 주로 '언명彦明'으로 언급되는 아우 오희철도 형인 오희문과 함께 일상을 도모하기 어려워 태인에 집을 마련해 거처하면서 여기저기 오가는 생활을 했다. 장남 오윤겸은 결성에 농막을 마련하여 생활했으며, 오윤해는 수원 율전에, 오윤함은 황해도에 거처가 있어 세 아들과도 소식을 주고받는 상황이 일정치 않았다. 그나마 곁에 장녀와 차녀가 있었고, 유독 사랑이 많던 막내딸 숙단淑端과 일기에서 주로 인아麟兒로 거론되는 넷째 아들 오윤성이 함께 하였기에 외로움이 덜했다.

가족들이 흩어져 살고 먹을 것이 없어 힘든 와중에도 비극은 계속되었다. 예컨대 믿었던 안손安孫과 명복命卜 두 노奴가 집안 살림 일부와 말을 가지고 도망을 치는 일이 벌어졌고[1593년 2월 20일 일기], 장남 오윤겸의 막내딸이 이질을 앓다가 죽었으며[1593년 7월 11일 일기], 선대의 늙은 비婢 동을비冬乙非가 사망하고[1593년 9월 28일 일기], 비 흔비欣非가 굶어 죽었다는 소식을 들었으며[1593년 12월 7일 일기], 비 열금悅今의 죽음을 목도하기도 한다[1594년 12월 15일 일기]. 아들 오윤해가 명화적의 습격을 받았다가 가까스로 목숨을 부지하는 일을 겪고 가슴을 쓸어 넘기기도 하는데[1594년 1월 28일 일기], 그로부터 얼마 되지 않아 아끼던 여동생 김매金妹(김지남의 처)가 굶주림과 전염병 속에 사망했다는 소식을 들었을 때, 오희문의 상실감과 좌절감은 이루 말할 수가 없었다[1594년 4월 6일 일기].

이러한 비극적 일들이 연속되는 가운데 장남 오윤겸의 벼슬 임명 소식은 오희문에게 있어서 가뭄에 단비와 같은 일이었다. 오윤겸은 1595년 초 시직侍直에 제수되었고[1595년 2월 19일 일기], 그로부터 약 5개월 뒤 위솔衛率로 승진하였으며[1595년 7월 24일 일기], 한 달도 채

되지 않아 평강현감平康縣監에 임명되었다[1595년 8월 4일 일기]. 자식이 지방의 수령이 된다는 것은 무척 축하할만한 일이었다. 특히 집안 형편이 가난할 경우 수령으로 부임하는 자식을 따라가서 관아의 힘을 빌려서 먹고 살길을 도모할 수 있었기 때문이다. 그러나 남쪽 지방의 군현에 비해 상대적으로 북쪽 지방의 군현은 물산이 풍부하지 않았기 때문에, 경제적 사정이 여유롭지 않았다. 특히 전란이라는 특수한 상황은 그에 대한 근심을 더욱 가중시켰던 것으로 보인다. 아래의 인용은 그러한 현실에 대한 오희문의 한탄이다.

> 이처럼 어지러운 세상에서 지금은 진실로 벼슬할 때가 아니다. 그런데도 억지로 벼슬에 나가게 한 것은, 우리 한집을 위해서만이 아니라 연세 많은 어머니께서 오랫동안 굶주리고 계시고 아우 하나는 먼 곳을 떠돌면서 입에 풀칠할 방도가 없으니, 만약 남쪽 지방 한 고을의 수령이 된다면 모시고 가서 우선 아침저녁 끼니 걱정이나 없앨 수 있기 때문이었다. 그런데 지금 이 지경(북쪽 고을의 수령이 되기)에 이르렀으니, 이 또한 운명이다. 비록 한탄한들 어찌하겠는가. 그러나 평탄하거나 험난하거나 절개가 변치 않는 것은 신하의 직분으로 해야 할 일이다. 어찌 벼슬의 좋고 나쁨을 따져

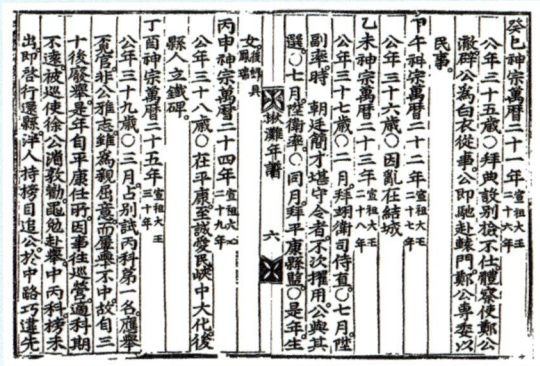

그림 6
『추탄집楸灘集』,
「추탄선생연보」,
한국고전번역원,
한국고전종합DB
(https://db.itkc.or.kr)

1595년 오윤겸의 관직
임명 내용.

물러나고 나아갈 수 있겠는가. 일단은 부임해서 자세히 가부可否를 살펴야 하며, 달리 능력을 펼칠 여지가 없는 연후에는 천천히 조처를 해야 할 것이다.[19]

— 1595년 8월 4일 일기

장남 오윤겸의 평강현감 부임이 오희문 일가에 당장의 큰 도움으로 다가오지는 않은 것으로 보인다. 오히려 임천에 머무르는 동안에는 바로 남쪽에 자리한 함열咸悅의 수령 신응구申應榘의 존재가 오희문 일가의 살림에 큰 보탬으로 작용했다. 함열현감 신응구는 오윤겸의 오랜 벗으로서, 1594년 8월 오희문의 큰딸을 처로 맞이함에 따라 오희문의 사위가 되었기 때문이다.

큰 사위 자방子方이 가까이 있어

 자방子方은 오희문의 사위 신응구申應榘(1553~1623)의 자字이다. 신응구는 직산현감稷山縣監과 임실현감任實縣監을 거쳐, 1593년 함열현감에 임명되었다. 그는 오희문의 장남 오윤겸과 함께 성혼成渾의 문하에서 수학한 동문同門으로서, 오래전부터 오윤겸과 교유해 온 것으로 짐작된다. 나이는 신응구가 오윤겸보다 6살이 많았지만, 두 사람은 허물없이 돈독한 관계를 유지했던 것으로 보인다.

 신응구는 1594년 3월 그 처를 잃고 당해 8월 오희문의 큰딸과 재혼을 한 뒤 사위로서 처가에 본격적인 도움을 준 것으로 확인되지만, 오윤겸과는 애초 막역한 사이였기 때문에 임천에 와서 살기 시작할 무렵부터 생활에 필요한 여러 물자를 오희문 일가에 제공해 주었다.

 굶주리던 상황 속에서 신응구의 존재는 오희문에게 가뭄 속 단비와도 같았다. 쌀과 고기 등 연명을 위해 필요한 양식과 찬거리를 지속적으로 공급해 주었으며, 생활에 필요한 물자 또한 조달해 주었기 때문이다. 오죽하면 오희문은 신응구를 향한 감사의 마음을 '보답할 길이 없다無酬報之路」.'라고 표현하며, 일기 여러 곳에 기록했다 [1593년 6월 28일, 9월 17일, 10월 10일, 11월 12일, 윤 11월 22일, 12월 7일 일기]. 심

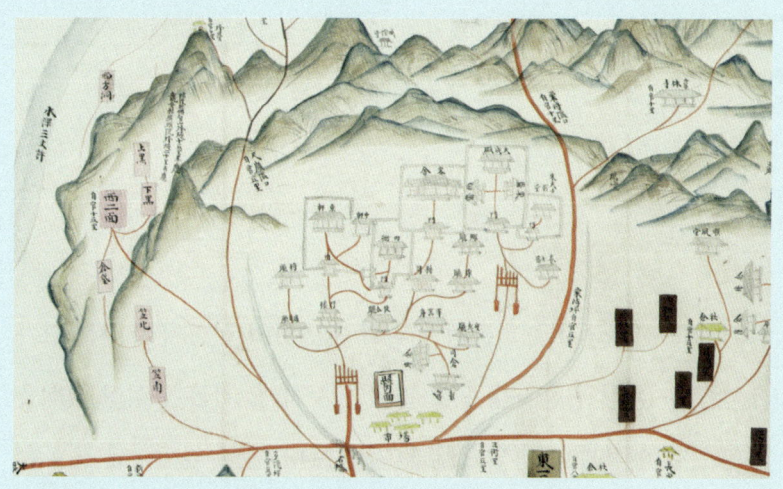

그림 7
1872년 제작된 것으로 추정되는 함열현 채색지도 속 함열 관아의 모습.
서울대학교 규장각한국학연구원 소장

지어 하단의 인용에서 확인할 수 있듯이, 신응구가 자신을 포함한 식구들의 목숨을 살리고 있다는 이야기까지 할 정도였다.

> 양식을 구하는 일로 함열현감咸悅縣監에게 막정을 보냈다. 함열현감은 비록 윤겸의 친한 친구라지만, 나에게는 본래 친속도 아니고 일찍이 알던 사이도 아니다. 그런데도 우리 집을 대접함이 남들에게 하는 것보다 지극히 후하여, 한 달 안에 두세 번 사람을 보내서 부탁해도 전혀 난색을

표하지 않았다. 한집 열 식구의 목숨이 오로지 여기에 힘입고 있으니, 이 큰 은혜를 어찌 갚는단 말인가. 그저 깊이 감사할 뿐이다.[20]

― 1594년 2월 23일 일기

아래는 신응구가 오희문의 큰딸과 혼인하기 전까지 오희문 일가에 전달한 음식과 물자를 표로 정리한 것이다. 기본 양식인 곡식을 바탕으로, 어물과 젓갈 및 소금을 자주 보내었음을 알 수 있다.

〈표 2〉 신응구가 오희문 일가에 제공한 음식과 물자(1593년 6월~1594년 7월)

취득 연월	음식		물자
1593년 6월	곡식	쌀 17말, 백미 2말, 벼 9말, 보리 1섬, 밀가루 2말, 참깨 1말, 찹쌀 5되	신발 2켤레 돗자리 1닢 말편자 2부
	육류	-	
	어물	조기 3뭇, 갈치 4마리, 웅어 2두름, 준치 6마리, 농어 1마리, 피라미 1마리, 웅어 10마리, 미역 2동	
	소금, 젓갈, 장	감장 4말, 웅어젓갈 2두름, 새우젓 1항아리, 쌀새우젓 3되, 간장 3되, 잡젓 1말, 소금 1말	
	기타 음식	-	
1593년 7월	곡식	백미 1말, 중미 1말 5되, 콩 1말	-
	육류	닭 1마리, 소고기 포 10조, 소고기 1덩이	
	어물	조기 1뭇	
	소금, 젓갈, 장	감장, 간장, 새우젓 1되	
	기타 음식	추로주 1병	

취득 연월	음식		물자
1593년 8월	-		-
1593년 9월	곡식	백미 5말, 정조 10말, 찹쌀 1말, 콩 4말	보리 종자 4말
	육류	소고기 2덩이	
	어물	말린 민어 1마리	
	소금, 젓갈, 장	소금 1말	
	기타 음식	누룩 5덩이	
1593년 10월	곡식	쌀 2말	종이 3뭇
	육류	-	
	어물	-	
	소금, 젓갈, 장	게젓 20개, 쌀새우젓 4되	
	기타 음식	-	
1593년 11월	곡식	찹쌀 1말, 벼 2섬, 콩 1섬	-
	육류	고기구이 1상자, 소고기 1부	
	어물	절인 웅어 20마리	
	소금, 젓갈, 장	새우젓 3되, 소금 2말	
	기타 음식	참기름 1되, 누룩 10덩이, 술 1병, 과일 1상자	
1593년 윤 11월	곡식	백미 3말, 벼 1섬, 콩 10말	종이 3뭇
	육류	-	
	어물	청어 10두름	
	소금, 젓갈, 장	새우젓 4되, 소금 3말	
	기타 음식	누룩 3덩이	
1593년 12월	곡식	백미 1말, 중미 3말, 콩 2말	-
	육류	-	
	어물	조기 1뭇, 미역 1동	
	소금, 젓갈, 장	감장 4되, 간장 1되, 새우젓 2되, 소금 2되	
	기타 음식	청주 1병	

취득 연월	음식		물자
1594년 1월	-		-
1594년 2월	곡식	벼 1섬, 밀가루 1말	-
	육류	-	
	어물	뱅어 1동이	
	소금, 젓갈, 장	메주 2말, 소금 5되, 뱅어젓 5되, 소금 1말	
	기타 음식	-	
1594년 3월	곡식	쌀 2말, 백미 2말, 정미 3말, 찹쌀 4되, 정조 1섬 8말, 밀 15말, 콩 8말	-
	육류		
	어물	생웅어 1두름, 조기 2뭇, 절인 조기 1뭇, 큰 농어 1마리	
	소금, 젓갈, 장	소금 1말 5되, 메주 2말, 뱅어젓 1항아리 8되	
	기타 음식	-	
1594년 4월	곡식	쌀 3말, 백미 1말, 정미 4말, 밀 5말, 벼 10말, 콩 1말	-
	육류	-	
	어물	조기 1뭇, 말린 도미 3마리, 미역 1동	
	소금, 젓갈, 장	감장 1말, 새우젓 5되, 간장	
	기타 음식	-	
1594년 5월	곡식	정미 5말, 중미 2말, 찹쌀 8되, 벼 10말, 보리 10말, 메밀 3되, 녹두 1되, 밀가루 5되	종이 1뭇
	육류	소고기 1덩어리	
	어물	조기 2뭇, 절인 준치 9마리, 생준치 2마리, 절인 갈치 7뭇, 미역 5동	
	소금, 젓갈, 장	감장 3되, 젓갈 2되, 메주 3말, 웅어젓 1두름, 준치 식해 4미尾	
	기타 음식	꿀 5홉, 참기름 5홉, 소주 2병, 누룩 2덩어리	

취득 연월		음식	물자
1594년 6월	곡식	백미 2말, 찹쌀 5되, 벼 10말, 보리쌀 2말, 보리 4섬, 메밀 3되, 콩 2되, 밀가루 1말	-
	육류	닭 1마리	
	어물	조기 3뭇	
	소금, 젓갈, 장	웅어젓 1두름, 뱅어젓 5되, 새우젓 2되	
	기타 음식	참기름 1되, 꿀 3홉	
1594년 7월	곡식	백미 6말, 정미 5말, 중미 3말, 햅쌀 2말, 보리쌀 12말 5되, 벼 1섬, 보리 13말, 밀 2말, 메밀 3되, 콩 3말 4되, 밀가루 1말	무명 2필
	육류	삶은 소머리, 소고기 1덩어리, 송아지 뒷다리 고기 1짝[隻]	
	어물	조기 8뭇, 절인 웅어 2두름, 미역 4동	
	소금, 젓갈, 장	웅어젓 2두름, 새우젓 3되, 준치 식해 3미, 간장 1말 1되, 감장 1말, 소금 5말	
	기타 음식	참기름 1되 2홉, 소주 6병	

 신응구가 오희문에게 제공한 음식 및 물자를 살펴보면, 1593년 8월과 1594년 1월을 제외하고 거의 매달 곡식을 조달한 것을 확인할 수 있다. 오희문 일가가 끼니를 잇기 어려운 상태라는 것을 알고 있던 신응구는 그들이 연명할 수 있는 최소한의 식량을 매달 전달하고자 했던 것으로 보인다. 그 외의 음식물을 보면 육류의 비중은 작지만, 상대적으로 어물과 소금 및 젓갈의 종류가 다양하고 그 비중이 크다는 것을 알 수 있다. 함열이 서해 연안에 접해 있는 고을이었기에 조업으로 잡힌 다양한 해산물이 인근의 웅포熊浦를 통해 유

통되었고, 그에 따라 관아에는 다른 물자에 비해 해산물이 그나마 잘 비축되어 있었던 것으로 보인다.

오희문이 신응구로부터 제공받은 음식 및 물자의 월별 현황에서 흥미로운 점이 하나 발견되는데, 1594년 3월부터 오희문이 전달받은 물품의 양이 1594년 2월 이전과 비교할 때 뚜렷할 정도로 늘어났다는 사실이다. 그즈음 함열 관아의 형편이 갑자기 나아졌던 탓일까? 그것이 아니라면 함열현감 신응구가 오희문 일가에 그 전보다 더 많은 도움을 주어야 할 일이라도 생긴 것일까? 관련해서 여러 의문을 제기할 수 있겠으나, 그 가운데 가장 설득력 있는 단서는 바로 오희문의 큰딸과 신응구의 혼인이다.

1594년 3월 4일 신응구의 처가 사망하자, 그로부터 나흘 뒤인 3월 8일 오희문은 노奴 송이宋伊를 함열에 보내 조문했다1594년 3월 8일 일기. 처를 잃고 상을 치른 뒤, 어느 시점부터 두 가문 사이에는 혼인에 대한 이야기가 오간 것으로 보인다.

> 함열현감(신응구)은 부인이 별세한 뒤 일찍이 우리 집과 혼사를 의논했고, 이미 얼굴을 보며 약조했다. 만약 기일이 지난 뒤에 혼사를 치른다면 피차 모두 연로한 부모가 있고 사람의 일은 기약할 수 없으니, 바야흐로 걱정스럽다. 참봉

(오윤겸)이 함열에 있을 때, 지금처럼 어지러운 세상에 혼
례를 올린다면 훗날에 근심이 없다고 장담할 수 없으니, 늦
가을이나 초겨울에 의논해서 정하는 것이 어떻겠느냐고 했
더니, 함열현감도 생각을 바꾸었다고 한다. 사람을 통해 함
열 현감의 아버지 온양군수溫陽郡守(신벌申橃)에게 이 뜻을
전했더니, 온양군수가 참봉(오윤겸)에게 편지를 보내 자기
생각과 꼭 맞으니 다시 자세히 의논해서 알려 주겠다고 했
단다. 매우 기쁜 일이다. 응당 날을 택해 사람을 보내서 때
를 결정할 생각이다.[21]

— 1594년 6월 27일 일기

당시 신응구의 아버지 신벌申橃(1523~1616)은 온양군수溫陽郡守
였는데 혼인에 대한 이견을 표하지 않았으며, 신응구의 어머니는
왜적이 들이닥칠까 우려가 되어 초례醮禮만 올리는 식으로 혼인 날
짜를 앞당겨 정하기를 원했다[1594년 7월 28일 일기]. 오희문 또한 그
에 동의하였고, 그해 8월 오희문의 큰딸과 신응구는 혼례를 올린다
[1594년 8월 13일 일기].

신응구는 오희문의 사위가 된 뒤로 처가에 그 전보다 더 자주 그
리고 더 많은 물자를 제공한 것으로 보인다. 혼인 직후 "함열현감의

그림 8
오희문의 노비들이 물자를 얻고자 함열을 오갈 때 경유한 남당진(상단)과 웅포(하단) 일대.
국가지리정보원
국토정보플랫폼 전재
(https://map.ngii.go.kr)

얼굴을 보니, 그 처를 보고 기뻐하며 흡족해했다."[22][1594년 8월 15일 일기]라는 표현이나, "대부인大夫人(신응구의 어머니)도 제사 지낸 고기 23꽂串을 보내면서 집사람에게 편지를 보내 신부가 아름다워 깊이 감사한다고 했다."[23][1594년 8월 16일 일기]라는 표현을 보면, 오희문의 큰딸은 괜찮은 외모와 우아한 기품을 갖춘 여성이었던 것으로 짐작된다. '아내가 고우면 처가 말뚝에도 절을 한다.'라는 속담이 있듯이, 애처가로서 신응구의 일면을 떠올릴 수 있을지도 모르겠다.

아래의 표는 신응구가 오희문의 큰딸과 혼인할 즈음(1594년 8월)부터 1595년 7월까지 신혼 기간에 해당하는 약 1년간 오희문 일가에 전달한 음식과 물자를 월 단위로 정리한 것이다. 실제 신응구는 1595년 7월 이후에도, 함열현감 관직을 그만둘 때(1596년 윤 8월)까지 대략 1년여의 기간을 더 넘게 오희문 일가에 음식과 물자를 제공했다.

〈표 3〉 사위 신응구와 그 처가 오희문 일가에 제공한 음식과 물자
(1594년 8월~1595년 7월)

취득 연월	음식		물자
1594년 8월	곡식	백미 19말, 중미 13말, 찹쌀 1말, 메밀 5되, 밀가루 5되, 콩 5되	-
	육류	양臙 1부, 닭 1마리, 소고기 2덩이, 고기 23곶	
	어물	조기 10뭇, 민어 3마리, 문어 3조, 전복 2곶, 미역 7동, 절인 게 70마리, 생게 30마리, 생붕어 50마리, 붕어 8마리, 비늘없는 물고기 10마리, 날바닷물고기 1마리	
	소금, 젓갈, 장	감장 4말, 간장 4되, 소금 4말, 새우젓 3되, 뱅어젓 1말, 조기젓 3뭇, 조개젓 5되, 웅어젓 3두름, 메주 10말	
	기타 음식	누룩 1동, 송이 77개, 홍시 15개, 참기름 1되, 술 6병, 떡, 과일, 자반[佐飯]	
1594년 9월	곡식	백미 10말, 중미 12말, 벼 1섬, 콩 5말	보리종자 7말
	육류	생닭 1마리, 닭 2마리, 절육切肉 1상자, 구운 고기 1상자, 소고기 2덩이, 육포 5조, 천엽 반쪽	

취득 연월	음식		물자
1594년 9월	어물	생게 30마리, 절인 게 95마리, 큰 생붕어 5마리, 생붕어 30마리, 미역 5동, 조기 1뭇, 날바닷물고기 1마리	
	소금, 젓갈, 장	새우젓 5되, 감장 2말, 간장 1되	
	기타 음식	떡 1상자, 과일 1상자, 자반[佐飯], 술 5병 반, 추로주 2병, 생생강 13뿌리, 절인 생강 1항아리	
1594년 10월	곡식	쌀 15말, 백미 6말, 중미 4말, 벼 4섬, 콩 3말 3되	-
	육류	수탉 1마리	
	어물	절인 게 15마리, 절인 조기 20마리, 조기 2뭇, 정어리 1사발, 미역 4동, 민물고기 1사발	
	소금, 젓갈, 장	소금 4되, 새우젓 3되	
	기타 음식	누룩 5덩어리, 기름 2되, 술 1병, 꿀 5홉	
1594년 11월	곡식	쌀 12말, 백미 5말, 거친 쌀 2말, 찹쌀 5되, 벼 2섬, 메밀 3되, 녹두 4되, 콩 4말	-
	육류	구운 고기, 양膁 1조각, 날꿩 반 짝	
	어물	작은 숭어 5마리, 홍어 반 짝, 정어리 20두름, 절인 생선 5두름, 방어 1조, 조기 2뭇, 미역 2동	
	소금, 젓갈, 장	간장 2되, 간장 1그릇, 새우젓 4되, 젓 1항아리	
	기타 음식	찰떡 1보자기, 떡, 과일, 죽력竹瀝	
1594년 12월	곡식	쌀 6말, 백미 10말, 중미 4말, 거친 쌀 11말, 찹쌀 1말, 벼 1섬, 보리 5말, 콩 5말, 흑태黑太 5되	-
	육류	-	
	어물	생전복 15개, 조기 6뭇, 생숭어 1마리, 숭어 1마리, 정어리 11두름, 절인 게 10마리, 작은 미역 4동	
	소금, 젓갈, 장	뱅어젓 3되, 뱅어젓 1항아리, 젓 1항아리, 젓 4되, 새우젓, 감장 1말, 간장 2되	

취득 연월		음식	물자
1594년 12월	기타 음식	수박[西果] 1개, 유자 5개, 모주母酒, 죽력竹瀝, 참기름 1되, 절편[切餠] 1상자, 누룩 2덩어리	
1595년 1월	곡식	쌀 11말, 백미 7말, 중미 6말, 거친 쌀 8말, 찹쌀 1말, 거친 벼 1섬, 밀가루 1말 5되, 묵은 콩 2말, 콩 1섬	-
	육류	생닭고기 1마리, 절편과 산적	
	어물	대구 1마리, 민물고기 4마리, 날전복 24개, 방어魴魚 1조, 은어銀魚 3두름	
	소금, 젓갈, 장	감장 3되, 뱅어젓 6되	
	기타 음식	콩떡 1상자, 청주 1병, 약밥 1상자, 누룩 3덩어리	
1595년 2월	곡식	쌀 6말, 백미 9말, 중미 4말, 찹쌀 5되, 메밀 3되, 피목皮木 5되	말먹이 콩 3말
	육류	날꿩 2마리	
	어물	조기 1뭇, 숭어 1마리, 웅어 5마리, 생뱅어 7사발	
	소금, 젓갈, 장	뱅어젓 2되, 젓 1항아리	
	기타 음식	-	
1595년 3월	곡식	쌀 16말, 벼 2섬, 올벼 1섬, 조 1섬, 밀 4말, 콩 1말	종자벼 7말 말먹이 콩 3말
	육류	소고기 1덩어리, 천엽 1조각	
	어물	조기 1뭇, 생조기 3마리, 생조기 4뭇, 생도미 1마리, 생숭어 1마리, 생뱅어 2사발, 뱅어 7사발, 웅어 3두름, 미역 7동	
	소금, 젓갈, 장	소금 5되, 웅어젓 10개, 조기젓 10마리, 메주 3말	
	기타 음식	-	
1595년 4월	곡식	쌀 6말, 중미 2말, 찹살 3되, 벼 3섬 5말, 밀 2말, 메밀 3되, 콩 6말 5되	-
	육류	-	
	어물	조기 1뭇, 생선 5마리, 소금에 절인 준치 5마리	

2. 임천에서의 나날들(1593~1596): 환란 속 거래의 시도

취득 연월		음식	물자
1595년 4월	소금, 젓갈, 장	웅어젓 20개, 뱅어젓 8되, 메주 2말	-
	기타 음식	기름 5홉, 순채蓴菜 1시루, 누룩 3덩어리	
1595년 5월	곡식	쌀 15말, 백미 2말, 중미 1말, 벼 2섬	종자콩 8말
	육류	절육切肉 1상자	
	어물	큰 생민어 1마리, 생준치 15마리, 소금에 절인 준치 70마리	
	소금, 젓갈, 장	젓 1항아리, 새우젓 1항아리, 뱅어젓 1항아리	
	기타 음식	소주 3병, 떡 1상자, 생선, 고기구이 2상자, 떡 2상자, 과일 1상자	
1595년 6월	곡식	쌀 2말, 정미 2말, 중미 3말, 벼 2섬, 찹쌀 6되, 보리 3섬, 콩 4말	메밀 종자 3말
	육류	소고기 1덩어리	
	어물	준치 5마리, 생선 1마리, 말린 물고기 10마리, 갈치 10마리, 소금에 절인 갈치 8마리, 미역 4동, 대구 반 짝, 말린 광어 반 짝	
	소금, 젓갈, 장	메주 3말, 조기젓 10개, 웅어젓 30개	
	기타 음식	소주 2병, 추로주 2병, 상화병霜花餠	
1595년 7월	곡식	쌀 8말, 백미 1말, 정미 5말, 중미 5말, 보리 1섬 3말, 밀 5말, 밀가루 2말, 찹쌀 3되, 메밀 3되, 흑태黑太 3되	별선別扇 2자루 상사常絲 1뭇
	육류	절육切肉 1상자, 구운고기 1상자	
	어물	절인 은어 5마리, 준치 5마리, 조기 1뭇	
	소금, 젓갈, 장	젓갈 1항아리, 새우젓 4되, 준치젓 5개, 굴젓	
	기타 음식	이화주梨花酒 1항아리, 떡 2상자, 청주 1병, 소주 5병, 수박 3개, 참외 5개, 가지 20개	

관아의 창고에 저장된 식량의 형편이 나을 때와 그렇지 않을 때가 있음을 고려할 때 월별로 조금씩 차이가 있기는 하지만, 신응구가 곡식과 어물을 중심으로 오희문 일가에 제공한 물자의 양은 결코 적지 않았다. 당시 벼 1섬을 도정하면 대략 4~5말가량의 쌀을 확보할 수 있었으니, 오희문은 매달 사위 신응구를 통해 적을 때는 20말 많을 때는 30말가량의 쌀을 조달받았던 것이다. 아껴 먹을 경우 쌀 1말로 10명의 식구가 2~3일가량을 버틸 수 있었던 것을 감안할 때, 신응구가 제공한 물자는 그야말로 오희문 일가의 생존에 절대적인 영향을 주었다 해도 과언이 아니다.

부족한 양이 아님에도 불구하고 오희문은 늘 제공받은 식량이 바닥날까 걱정했던 것으로 보인다. 가령 "근래 병 때문에 드나든 일이 매우 많아 소비가 너무 많았다. 이제 양식이 끊겨 함열에서 오기만 기다렸는데, 보내온 물건이 너무 소략하다. 근심스럽다. 하지만 으레 보내오는 물건이 있으니, 오늘과 내일 사이에 분명히 올 것이다."[24][1594년 12월 1일 일기]라는 표현이라든지, "한 달에 18말을 얻어도 매번 불안해하면서 부족할까 걱정되어 죽을 쑤어 먹으면서 지낸다."[25][1595년 3월 13일 일기]라는 표현을 보면, 신응구가 보내준 식량이 오희문에게 얼마나 소중한 것이었는지를 짐작해 볼 수 있다. 관련해서 1594년 12월 신응구는 부모를 만나기 위해 한양에 갔는데, 당시 오희문이 남긴 "함열현감이 보름 뒤에 부모를 뵈러 한양에 간다고 한다. 그러면 올해를 마칠 대책이 없다. 더욱 답답하다."[26][1594년 12월 13일 일기]라는 기록과 이후 실제로 궁핍한 생활이 연속되었다는 사실을 참고할 경우, 지방 수령을 가족으로 둔 이가 영위했던 경제생활의 특수성을 생각해 볼 수 있다.

그리고 현감을 사위로 둔 덕분에 오희문은 주기적으로 청탁 성격의 선물을 받은 것으로 확인된다. 함열에 사는 누군가 집에 찾아와 청탁의 대가로 큰 민어 1마리를 주고 가기도 했으며[1594년 7월 22일 일기], 어떤 이는 도망친 노를 찾아 보내 달라는 요청을 함열현감에게 해주기를 부탁하며 배와 밤 1상자를 주었는데, 이를 수락하기도 했다[1594년 11월 23, 25일 일기]. 함열에 사는 양윤근梁允斤이라는 사람은 여러 번 오희문을 찾아와 다양한 물품을 선물했는데, "그가 여러 번 물건을 바쳤는데 달리 보답한 적이 없으니, 한편으로는 미안하다. 그는 분명 내가 함열현감의 장인이므로 훗날 긴급한 역役을 면하고자 하려는 생각일 것이다. 이는 내 힘으로 어찌할 수 있는 일이 아니지만 거절할 수도 없으니, 몹시 걱정스럽다."[27][1595년 5월 9일 일기]라는 푸념을 일기에 기록하기도 했다.

오희문의 입장에서는 현감이 사위라서 자신에게 들어오는 청탁이 썩 내키지 않았으나, 청탁과 함께 들어오는 선물이 생활에서 꽤

그림 9
《단원풍속도첩檀園風俗圖帖》도선渡船 부분, 국립중앙박물관 소장, e뮤지엄에서 전재

나 유용하게 사용되었기에 그러한 부탁을 마냥 물리치기도 어려웠다. 아래의 인용은 청탁에 대한 윤리적 판단과 생활에 대한 실용적 판단 사이에서 자신에게 들어온 선물을 어떻게 처리할지 늘 고민할 수밖에 없었던 오희문의 인간적 번뇌를 엿볼 수 있는 대목이라 하겠다.

> 남당진의 뱃사공 돌손乭孫이 와서 중간쯤 되는 농어 3마리를 바쳤다. 곧장 술과 밥을 대접하고 또 부채를 주어서

보냈다. 다만 이유도 없이 와서 물건을 바치는 것을 보면 필시 까닭이 있을 것이다. 지금은 아무 말도 하지 않지만, 훗날 만약 청하는 일이 있다면 어떻게 응할까. 처음에는 받지 않으려고 했는데, 연로하신 어머니께 올리는 일이 절실해서 우선은 받았다. 탕을 끓여 어머니께 드렸다. 둘째 딸을 시켜 회를 쳤는데, 마침 생원 권학權鶴이 왔기에 함께 먹었다. 그 나머지는 소금에 절여 아버지의 생신날인 8일에 제사를 지낼 때 쓰려고 한다.[28]

-1595년 7월 4일 일기

임천 일대의 장시場市와 교환의 양상

사위 신응구의 꾸준한 식량 조달과 주변 지역에서 수령으로 근무하던 여러 지인의 물자 제공에 힘입어 나름의 호구지책糊口之策을 마련하였으나, 이른바 '선물'만으로는 먹고 사는 문제를 온전히 해결하기가 어려웠다. '선물'은 양쪽의 이해가 맞아떨어지는 경우도 간혹 있지만, 대체로는 어느 한쪽이 다른 한쪽에 일방적으로 전달하는 형식이기 때문에, '정말로 내가 갖고 싶어 하고 필요로 하는 무언가'를 얻기 위해서는 누군가와 물품을 교환하는 거래를 해야 했다. 당시는 전란의 와중이긴 했으나, 시장場市을 포함한 여러 형태의 상거래가 이루어지고 있었으며, 오희문은 일상을 영위하기 위한 목적에서 다양한 맥락의 거래를 시도했던 것으로 확인된다. 아래의 표는 임천에 머물러 사는 동안, 오희문이 구체적으로 어떠한 사람들을 대상으로 무슨 물품을 교환했는지 그 내용을 정리한 것이다.

〈표 4〉 임천에서 오희문이 물품을 직접 교환한 대표적 사례(1593~1596)

일기 언급 일자	거래 상대	지불 물품	취득 물품
1593년 4월 28일	이웃사람	흰쌀 1말 3되	소 뒷다리 한 짝과 내장 약간
1593년 7월 23일	(영암)	품질이 안 좋은 무명 3필	미역 45동, 절인 고등어 13마리

일기 언급 일자	거래 상대	지불 물품	취득 물품
1593년 8월 12일	(영암)	품질이 안 좋은 무명 반필	소고기
1593년 8월 23일	(영암)	품질이 안 좋은 무명 1필	소고기
1593년 10월 30일	-	베갯모[枕隅]	벼 8말, 콩 3말 5되
1593년 11월 5일	-	쌀 4말	작은 고등어 10마리, 갈치 55마리
1594년 1월 11일	-	쌀 6말 7되	목화 37근
	-	쌀 5되	철편鐵片 2근 12냥(말의 다갈多曷)
1594년 3월 29일	어부	쌀 2되	생도미와 큰 민어 3마리
1594년 4월 1일	어부	거친 벼 1말	생도미와 큰 민어 2마리
1594년 6월 15일	이웃사람	보리 8말	소머리, 내장 조금, 포脯를 만들 소고기 3덩어리
1594년 8월 9일	-	품질이 좋은 무명 4필	이불감 3새 양단兩端
1594년 8월 13일	서재동西齋洞	무명 1필	소머리, 천엽
1595년 3월 14일	유기장鍮器匠	쌀 1말	옛 사발 1좌坐
1595년 3월 23일	생선 장수	거친 벼 2말	생도미 2마리
1595년 5월 6일	-	무명 1단	쌀 2말
1595년 6월 14일	이웃사람	보리 5말	안치鞍赤
1595년 6월 21일	유기 장수	메밀 종자 1말 6되	행담行擔과 소쿠리 2기器
1596년 9월 2일	(영동, 황간)	소금 7말, 대구 20마리, 다시마 8묶음, 고등어 4마리	목화 12근
1596년 10월 23일	굴장수	쌀 3되	굴
1596년 10월 28일	새우젓장수	벼 1말	새우젓 4종지

오희문은 공간이 직접 맞닿은 이웃과 거래를 하기도 하고, 보부상으로 보이는 상인들을 대상으로 물건을 사기도 했다. 어부와 생선 장수로부터 어물을 교환하기도 했으며, 유기를 직접 만드는 장인 또는 유기 장수에게서 생활에 필요한 유기나 용기를 구매하기도 했다. 거기에 더해 고을의 갓장이에게 삿갓을 맡긴다든지, 대장장이에게 농사 기구를 만들고 그 대가를 지불한 기록도 확인된다.

오희문이 거래를 위해 지불한 물품은 주로 쌀, 벼, 보리와 같은 곡식이나 무명[木, 木綿]이다. 16세기 말엽은 화폐 거래가 본격화되기 전이었기 때문에, 생활의 소용 가치가 커서 어딜 가나 수요가 많던 쌀, 보리 등의 곡식과 무명이 주된 교환의 매개로 활용되었다. 지불한 물품이 주로 쌀, 보리, 무명에 집중되어 있음에 비해, 상대적으로 취득한 물품의 종류는 무척 다양하다. 표면적으로는 '물물거래'처럼 보이지만 사실상 돈(쌀, 보리, 무명)을 주고 필요한 물품을 구매한 것과 의미상 차이가 없다고 해야 할 것이다.

해당 물품들을 비교할 경우 1593~1596년 즈음 임천에서 거래되던 물품 간 시세를 조금은 짐작해 볼 수 있는데, 쌀 2말은 대략 닭 1마리와 비슷한 가치였다[1596년 11월 21일 일기]. 그리고 거래 과정에서 물품의 무게나 부피를 잴 수 있는 도구가 사용되기는 하였으나, 시장을 매개하지 않은 개인과 개인 사이의 거래에서 엄밀한 차원의 도구가 활용되었을 가능성은 매우 낮다. 아니나 다를까 오희문의 일기에는 그러한 측정의 오류와 그로 인해 발생한 손해에 대한 불만과 푸념이 종종 언급되어 있다. 아래의 인용은 그 가운데 하나라 하겠다.

> 요즈음 집안에 찬으로 삼을 만한 것이 없는데, 마침 굴을 지고 와서 파는 자가 있어서 쌀 3되를 주고 바꾸어 저녁에 국을 끓여 함께 먹었다. 그런데 장사하는 여인의 되 크기가 지나치게 커서 두 되나 들어갈 정도였다. 이렇게 큰 줄 알았다 하더라도 어쩔 수 없이 사 먹었을 것이니, 안타깝다.[29]
> ─ 1596년 10월 23일 일기

오희문은 임천에 거주하는 동안 얻고자 한 물품을 주로 임천의 시장에서 구했다. 임천 외에도 주변 지역의 여러 시장에 노비들을 보내 거래를 시도했던 것으로 확인되는데, 인근 지역으로는 함열咸悅(현재의 전북 익산시 함열읍)을 포함해 청양靑陽(현재의 충남 청양군), 홍산鴻山(현재의 충남 부여군 홍산면), 한산韓山(현재의 충남 서천군 한산면) 등의 시장이 일기에서 언급되며, 조금 거리가 있는 곳으로는 비인庇仁(현재의 충남 서천군 비인면), 남포藍浦(현재의

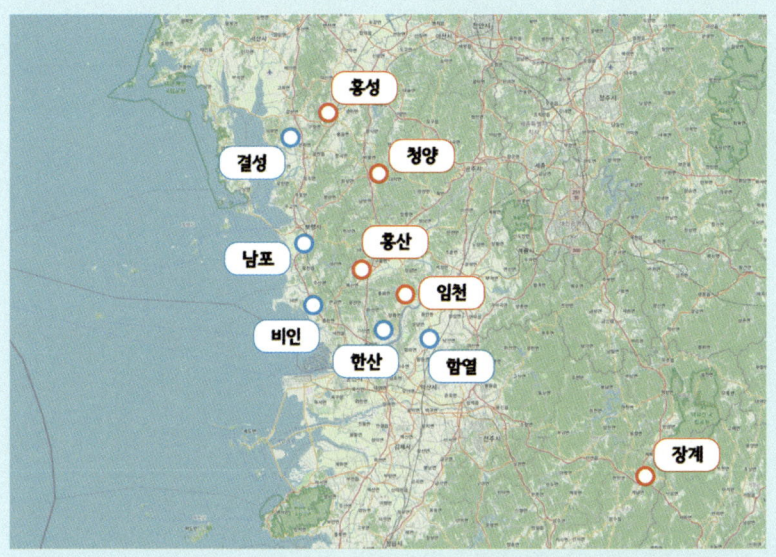

그림 10
임천에 머무를 무렵 오희문이 거래를 시도한 시장의 소재 고을, OpenStreetMap 지도 활용 편집

충남 보령시 남포면), 홍주洪州(현재의 충남 홍성군), 결성(結城, 현재의 충남 홍성군 결성면), 장계(長溪, 현재의 전북 장수군) 등의 시장도 거론된다.

아래 표는 오희문이 임천에 머무는 동안 임천 시장 외에 여러 인근 군현의 시장에 사람을 보내 구체적으로 어떤 물품을 교환했는지 그 내용을 정리한 것이다.

〈표 5〉 임천 시장에 사람을 보내 오희문이 물품을 거래한 대표적 사례(1593~1596)

일기 언급 일자	지불 물품	취득 물품	참고
1593년 7월 1일	쌀 2말 5되	9새[升] 모시 40자	-
	쌀 1말	생모시 2근 2냥	
1593년 윤 11월 16일	거친 쌀 1말	철 2근 2냥	말 2마리 족철足鐵 제작
1594년 3월 26일	떡 3덩어리	작두와 끼우는 쇠	쌀 4되 가격
1594년 4월 21일	5새[升] 무명 1필	쌀 1말 9홉	-
1594년 5월 16일	갈치 22마리	겉보리 5말	-
	소금 3되	보리 1말	
1594년 5월 19일	소금 4되	보리 1말	-
1594년 7월 7일	벼 2말 5되	솥	1말의 밥을 짓는 크기
1595년 6월 1일	-	웅어 4마리	어머니께 드림
1595년 6월 9일	소금에 절인 준치 70마리	보리 36말 5되	-
1595년 12월 13일	5새[升] 무명 2필	거친 쌀 31말	봄에 되팔 목적
1596년 6월 4일	미역 20동	보리 10말	-
1596년 6월 4일	보리 2말	도롱이	취득한 것으로 다시 거래
1595년 12월 26일	닭 3마리	쌀 4말 5되	-
	쌀 4말 5되	숯 1섬, 사기그릇 1죽竹 8립	취득한 것으로 다시 거래
1596년 1월 16일	공목 1필	쌀 16말	-
1596년 윤 8월 19일	닭 1마리	쌀 1말 3되	-
	닭 1마리	쌀 1말 2되	취득한 것으로 체篩를 사지 못함
	쌀 1말3되	키[箕]	취득한 것으로 다시 거래
1596년 10월 19일	닭 3마리	쌀 5말	-

<표 6> 인근 군현의 시장에 사람을 보내 오희문이 물품을 거래한 대표적 사례(1593~1596)

일기 언급 일자	장시	지불 물품	취득 물품	참고
1594년 5월 13일	함열	갈치葛魚 5, 6마리	보리 1말	거래하지 못함
1596년 5월 20일	함열	곶감 5접	큰 미역 25동	웅포의 장삿배
1593년 6월 1일	청양	무명 1필	보리 10말	-
	청양	정목正木 1필	모시 35자[尺]	겉보리 1말 추가 지불
1596년 12월 9일	한산	소금 13말	쌀 12말 6되	-
1596년 12월 16일	한산	쌀 15말	패랭이 35개	-
	한산	황랍 8냥	쌀 7말	
1596년 2월 25일	결성	벼 2말	굴 5사발	-
1593년 12월 15일	장계	쌀 1말	건시 2접	-
1594년 5월 15일	비인 염전	정미 1말 2되, 정목 1필	소금 9말 5되	보리 교환이 목적
1595년 5월 8일	비인 염전	정미 2말 5되	소금 22말	-
1596년 4월 25일	안면도 염전	쌀 6말	소금 25말	-

임천 시장이든 인근 군현의 시장이든 물품 간의 교환 양상을 비교해 보면, 거래에 있어서 시세時勢가 상당한 영향을 끼쳤으리라 짐작된다. 시세는 시기와 지역에 따라 조금씩 차이가 있었는데, 거래에서 손해를 최소화하고 이익을 극대화하기 위해 오희문은 늘 시기와 지역에 따른 시세의 추이에 관심을 기울인 것으로 보인다. 시세 파악의 중심적인 매개는 쌀, 보리, 밀과 같은 곡식과 포목布木 사이

의 교환 가격 변동이었는데, 그 양상을 보면 대체로 포목보다 곡식이 귀했던 것으로 확인된다. 아마도 전란으로 인한 생산 인구의 감소와 군량의 지속적 공급이 원인이 되어, 상대적으로 시장에 유통되는 곡식의 절대량이 그만큼 감소했기 때문이 아닐까 싶다.

예컨대 1593년 여름 노비를 청양 시장에 보내어 무명을 보리[牟]로 바꾸어 온 것을 두고, "무명 1필을 보리 10말로 바꾸어 왔다 (중략) 또 정목正木(품질이 좋은 무명) 1필을 모시[苧布] 35자[尺]로 바꾸었는데, 겉보리[皮牟] 1말을 더 주었다고 한다. 보리의 품귀가 이런 극심한 지경이 되어 달리 양식을 댈 길이 없다."[30]라고 이야기한 것이라든지[1593년 6월 1일 일기], 그즈음 또 막내 아들에게 옷을 지어 주려고 노비를 임천 시장에 보내어 모시를 사오게 했는데 그 결과에 대해, "쌀 2말 5되를 9새[升] 모시 40자로 바꾸어 왔고, 또 쌀 1말을 생모시 2근 2냥으로 바꾸어 왔다. 곡물값이 비싸서 정목正木 1필 값이 보리 4, 5말이라고 하니, 사람들이 모두 '이런 적이 있었다는 말을 전에는 듣지 못했다.'라고 한다. 그래서 모시 값이 또 이처럼 싼 것이다."[31]라고 이야기한 것이라든지[1593년 7월 1일 일기], 1594년 2월 영암을 방문했을 때 "근래 이곳에서는 곡식이 귀하고 무명은 헐값이다. 추목麤木(품질이 안 좋은 무명) 1필에 쌀은 2되, 콩[太]은 3되이며, 또 쌀 1말이면 목화가 10여 근 혹은 15, 16근이라고 한다. 6새[升] 무명 1필은 쌀 1말 4, 5되를 받는다고 한다."³² 라는 기록을 남긴 것이라든지[1594년 2월 4일 일기], 그해 5월 노비를 임천 시장에 보내 갈치를 팔고 이야기하기를, "갈치는 시장에 팔려고 보니 겉보리 1말에 4마리 내지 5마리를 주어야 해서, 22마리에 겨우 5말을 받았고 그 나머지는 그나마 팔지도 못했다. 소금은 보리 1말에 간혹 3되를 주고 바꾸었는데도 다 팔지 못했다. 반드시 훗날을 기다려서 팔거나 혹은 다른 시장에 실어 보내서 팔 작정이다. 바꾸려는 것은 헐값이고 보리는 귀하다 보니 시가市價가 지극히 보잘것없어서, 정목正木 1필에 겉보리 6, 7말을 받는다고 한다. 지금처럼 밀과 보리가 흔한 계절에도 오히려 이와 같으니, 앞으로 어떠할지 알 만하다."³³라고 말한 것[1594년 5월 16일 일기] 등이 모두 그러한 정황의 단서라 하겠다.

한편으로 포목布木 대비 곡식의 가치가 늘 귀했던 것만은 아니다. "언명彦明이 공목貢木 1필을 얻었기에 허찬許鑽을 시장에 보내 쌀로 바꿔 오게 했더니, 먹을 만한 쌀 16말을 받아 왔는데, 다시 되어 보니 15말이다. 시가市價가 봄 들어 더욱 올랐으니, 만일 대여섯 필의 무명이 있어 쌀로 바꾼다면 봄 석 달은 걱정이 없을 것인데 집에 1자의 베도 없으니, 어찌겠는가."³⁴라는 기록[1596년 1월 16일 일기]이라든지 "어제 임천으로 사람을 보냈는데, 베[布]를 가지고 왔다. 오늘 시장에서 언수彦守에게 팔도록 해서 쌀 15말로 바꾸어 양산梁山의 집에 맡겨 두었는데, 뒷날 청모시[靑苧]로 바꾸어 혼수로 쓸 것이다. 베가 매우 거칠고 길이가 짧은데도 쌀 15말로 바꿀 수 있으니, 시가가 높은 것을 이로써 생각해 볼 수 있다."[35]라는 기록[1596년 5월 3일 일기]을 참고할 때, 소위 시가로 언급되는 포목의 값은 시기나 계절에 따라 어느 정도 변동이 있었음을 알 수 있다.

곡물 가격이 높을 때는 베와 무명을 시장에 내놓지 않으려 하고 반대로 포목 가격이 높을 때는 시장에 곡식을 내다 팔지 않으려 함으로써, 가급적 시세에 따른 손해를 최소화하려고 한 오희문의 태도는 당대 일상을 살아가던 사람들의 보편적 지향이었으리라 추측된다. 그리고 전란이라는 특수한 상황은 사람들 사이의 교환을 방해하고 일방적으로 파괴한 것이 아니라, 유통 물자가 축소되는 가운데 일상의 복구를 향한 사람들의 열망이 커짐으로 인해 오히려 물자 간 교환을 더욱 촉진하는 여지 또한 있었을 것이라 여겨진다.

한편 오희문이 시장market을 통해 꾸준히 거래를 시도한 것과 별개로 그가 교환을 통해 얻은 물자라든지 이득은 앞서 선물gift의 형식으로 획득한 것과 비교할 시 그 횟수나 규모에 있어 차이가 난다. 선물의 실현 여부는 그 자체로 생존을 위한 채널로 수용되지만, 시장에서의 교환은 그 실현 여부에 따라 생존보다는 차익差益 달성으로서 성격이 더욱 뚜렷하다. 지방 수령과 인연이 있는 사족이라든지 오랜 기간 지역에서 영향력을 행사해 온 재지 사족에게 있어서 시장[場市]은 생필품을 획득함으로써 먹고 사는 문제를 해결하는 필수적 채널이었을 가능성이 낮다. 오희문의 사례에서 알 수 있듯이 사회적·정치적 영향력을 바탕으로 넓은 인적 네트워크를 확보하고 있던 양반은 굳이 생존을 위한 물자 공급을 시장 거래에 의존할 필요가 없었기 때문이다.

오희문이 시장을 통해 거래한 물품 가운데 사위 신응구로부터 조달받은 물자의 비중을 섬세하게 헤아려 볼 수 있다면, 당시 지역의 시장 거래에서 양반이 지니고 있던 구매력의 주요한 채널이 무엇이었으며, 그 연장선에서 시장을 매개한 교환에 선물이 미친 영향력을 추측해 보는 것이 가능할지도 모른다. 이 지점에 대한 탐구는 추후의 과제로 남겨두고자 한다.

3

평강에서의 나날들
(1597~1600)

: 거래 속 안정의 도모

평강平康, 깊은 산 물 맑은 곳을 찾아서

임천에서 3년이 넘는 시간을 보낸 오희문과 그의 가족은 장남 오윤겸이 현감으로 있던 강원도 평강으로 삶의 터전을 옮긴다. 온 가족이 충청도에서 강원도로 이사하는 것은 간단한 일이 아니었다. 가족뿐만 아니라 노비를 포함한 기타 식솔들까지 함께 이동해야 할 인원이 적지 않았으며, 그간 임천에 살면서 소박하게나마 갖춘 살림을 멀리 옮기는 것도 상당한 부담이 되었다. 그리고 이동 중에 필요한 식량을 미리 준비하는 일도 만만치 않았다. 그러한 여러 현실적 어려움이 있었음에도, 어지러운 전란의 와중에 언제 또 왜적의 세력이 강성해져 지역 간 이동이 어려워질지 알 수 없었기 때문에, 오희문은 과감하게 이사를 결정한다.

그 무렵 오희문의 마음에 걸리는 한 가지 걱정이 있다면, 막내딸 숙단이 1596년 9월부터 알 수 없는 병에 걸려 회복을 하지 못한 채 상태가 점차 나빠지고 있었다는 사실이다[1596년 12월 7일 일기]. 막내딸의 병이 낫기를 기다리던 오희문은 더 이상 이사를 지체할 수 없음을 깨닫고 당해 12월 20일 임천을 떠난다. 부여 도천사道泉寺[1596년 12월 20일 일기], 청양현 두응토리豆應吐里[1596년 12월 21일 일기], 대흥현大興縣[1596년 12월 22일 일기], 예산 유제촌柳堤村[1596년 12월 23일 일기], 신창현新

昌縣[1596년 12월 24일 일기]을 거쳐, 오희문 일가는 12월 25일 아산 이시열李時說의 집에 도착한다. 그즈음 막내딸 숙단의 건강이 급격히 나빠져 도저히 이동할 수 없는 상황이 되자, 부득이하게 1597년 1월 23일까지 약 한 달여간을 이시열의 집에 그대로 머무르게 된다.

아산에 계속 눌러앉아 있을 수만은 없었기에, 숙단의 상태가 조금 나아졌다는 생각이 들자 다시금 여정을 출발해 1월 25일 수원 율전栗田에 있던 아들 오윤해의 집에 도착한다. 그리고 오희문은 이곳에 머무르던 중 2월 1일 막내딸 숙단의 죽음과 마주하게 된다. 평소 마음속 깊이 아끼던 딸을 잃자 오희문 내외는 헤아릴 수 없는 슬픔으로 인해 창자가 찢어질 듯한 아픔을 겪는다. 한편으로 이동을 지체할 수가 없었기에 힘든 마음을 추스르고 2월 24일 오희문은 다시 여정을 출발한다. 과천 토당土塘 선산에 도착해 숙단을 땅에 묻고[1597년 2월 6일 일기], 다시 길을 나서 한양[1597년 2월 7, 8일 일기], 누원樓院[1597년 2월 9일 일기], 양주 우음대리于音代里[1597년 2월 10일 일기], 철원부[1597년 2월 12일 일기]를 거쳐 2월 13일 마침내 평강현 관아에 도착한다. 1596년 12월 20일 충청남도 부여에서 시작된 여정이 그로부터 약 두 달여가 지나서야 마무리된 것이다.

우여곡절 끝에 평강에 도착했으나 정작 수령인 장남 오윤겸은 자리를 비우고 없었다. 전란 중에 임무를 맡아 강원도 관찰사가 머무르던 원주 감영에 잠시 가 있었기 때문이다. 아들이 고을의 수령이었음에도, 오희문은 관아에 머무르는 것이 편치 않았던 것으로 보인다. 수령의 가족들이기 때문에 관아의 아전들이 과도하게 제공하는 여러 음식과 편의에 대한 부담이 있었고, 이로 인해 관아에 계속 머무르기보다는 속히 여염閭閻으로 거처를 옮기고 싶은 마음이 들었던 것이다[1597년 2월 16일 일기]. 그런데 오희문은 평강에 대해 잘 몰랐기에, 어느 곳에 거처를 마련해야 할지 판단하기가 쉽지 않았다. 임천에서 함께 온 일행인 허찬이 서면西面에 가서 머무를 집을 보고 돌아오기도 하고[1597년 3월 4일 일기], 막내아들 오윤성 및 허찬과 함께 북면北面 목전木田에 있는 최윤원崔允元의 집을 찾아가 보기도 했으며[1597년 3월 9일 일기], 돌아오는 길에 허찬에게 최수영崔壽永의 집에 들어가 보게도 한다[1597년 3월 10일 일기].

그렇게 계속 살 곳을 알아보던 와중에, 오희문은 최종적으로 서면의 정산탄定山灘으로 살 곳을 결정한다. 3월 30일 아침을 먹고 출발해서 그곳에 도착한 오희문은 집이 크고 방이 많아서 온 가족이 살기에 넉넉한 한편 노비들이 따로 거처할 곳이 없어 아쉬워한다[1597년 3월 30일 일기]. 거주 공간은 조금 아쉽게 느꼈을지 모르겠으나, 주변의 자연환경에 대해서는 무척 만족했던 것으로 보인다. 아래 인용은 이사한 지 얼마 되지 않은 시점에 마을 주변의 풍광을 관찰한 오희문이 일기에 남긴 기록이다.

> 동쪽에 있는 큰 언덕을 걸어서 올라갔다. 한참 이야기를 나누고 있는데, 집주인 시중時中이 국수를 말아 대접했다. 언덕 위에는 7, 8명이 앉을 수 있었다. 큰 냇물이 굽이쳐 흐르고 깊은 여울은 언덕 밑에 못을 만들었다. 물의 깊이는 수 길丈이고, 언덕 높이는 10여 길 남짓이다. 언덕 북쪽의 암벽이 가로로 둘러 내려오다가 이곳에 와서 우뚝 솟아 이 언덕이 만들어졌다. 마치 누에머리가 반쯤 물속으로 들어가 있는 듯하고, 앞에는 큰 들판이 펼쳐져 있다. 참으로 절경이다. 언덕에 올라 아래를 내려다보면 정신이 아찔하여 언덕 가에 가까이 갈 수가 없다. 하지만 바람이 고요하고 물결이 잔잔하여 티 없이 맑으며, 햇빛이 비추는 곳은 물속이 들여다보여서 헤엄치는 물고기를 셀 수 있을 정도이다.[36]
> —1597년 4월 1일 일기

돌아올 때 또 집 앞 냇가에 가 보았다. 절벽이 깎아지른 듯하여 높이가 1백여 길은 되겠다. 긴 냇물이 그 아래로 흘러들어 고인 물이 못을 이루었는데, 깊이를 헤아릴 수 없다.

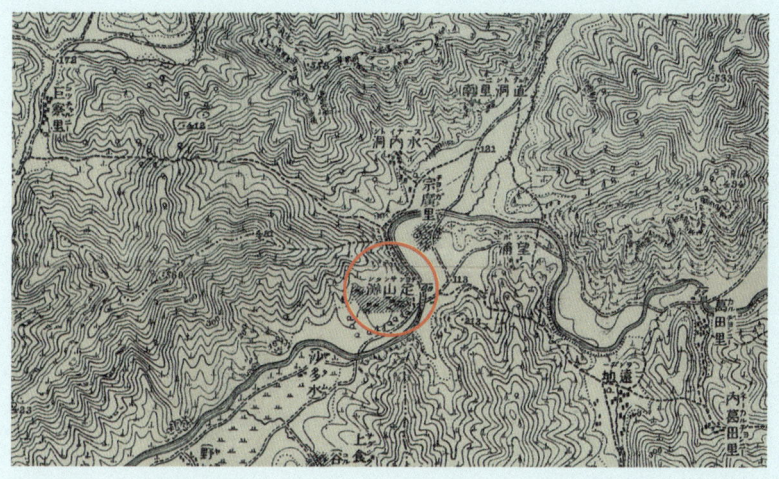

그림 11
2차 지형도 옥동리(측도연도 1915, 제판연도 1916), 평강 정산탄 일대,
국립중앙박물관 조선총독부박물관 문서

누치訥魚와 쏘가리가 물속에 한데 모여 헤엄쳐 놀고 있다. 흰 모래사장을 이룬 물가에는 푸른 버들이 줄지어 서 있다. 참으로 경치가 빼어난 곳이다.[37]

— 1597년 4월 8일 일기

평강에서의 생활을 위한 새로운 거처로서 서면 정산탄은 비록 장남 오윤겸이 머무르던 평강현 관아로부터 거리가 있고 또 계곡이 굽이굽이 이어져 관아에서 오려면 여러 물길을 건너서야 도달할 수

있다는 단점이 있었지만, 관아와 다소간 떨어져 있다는 점이 오희문에게는 오히려 마음 편하게 다가왔던 것으로 보인다. 고을 수령인 아들이 행정을 집행하는 데 있어서, 그 어버이가 관아 가까이 사는 것이 부담이 될 것이라 여겼기 때문이다. 무엇보다 오랫동안 떨어져 살던 어머니, 아우와 함께 깊은 산 맑은 물 가운데 머무르면서 순박한 마을 사람들과 더불어 천렵川獵을 즐기며 흘려보내는 한가로운 시간은, 무척이나 오랜만의 여유를 오희문에게 안겨다 주었을 것이라 짐작된다.

난리 통에도 삶은 다시 이어지고

평강으로 생활의 터전을 옮긴 뒤 처음으로 맞이하는 5월 5일, 오희문은 1년 전 단옷날을 떠올린다. 작년과 비교할 때 크게 달라진 것은 없지만, 막내딸 숙단이 죽고 없다는 사실이 새삼 그의 가슴을 후벼판다.

> 단옷날이다. 1년 전 이날에 나는 함열에서 출발하여 웅포熊浦에서 배를 타고 물을 거슬러 올라와 곧바로 남당진南塘津에 이르렀는데, 좌우로 바라보니 남북 양쪽 언덕의 인가에서 곳곳마다 그네를 높이 매고 어른과 아이들이 모두 모여 놀았다. 지금 온 이 산골은 그네를 타는 곳이 하나도 없으니, 산골짝 사람들의 풍속이 촌스러워 세련된 기상이 없다고 할 만하다 (중략) 지난해 오늘 임천군林川郡에 있었을 때 죽은 딸(숙단)이 울타리 안의 복숭아나무 가지에 그네를 매고 언명의 두 아이와 함께 놀던 일이 갑자기 생각났다. 나도 모르게 슬퍼져 눈물이 옷깃을 적신다. 슬프구나! 너는 어찌하여 먼저 떠나서 나로 하여금 물건을 볼 때마다 생각나게 하고, 괴로운 마음이 오래될수록 더욱 사무

치게 하느냐.[38]

─1597년 5월 5일 일기

하루 뒤인 1597년 5월 6일 건강이 좋지 않아 평강현 관아에 머물러 있던 오희문의 어머니 고성固城남씨가 말에 여러 짐을 싣고 또 교자를 타고, 손자인 오윤겸의 배행 하에 서면 정산탄의 새집에 도착한다. 그로부터 열흘 뒤인 5월 16일 오희문은 마을 사람들을 모아 집 뒷산 위에 모정을 짓고 활 쏘는 곳을 수리한다. 아들 오윤겸이 근친覲親(어버이를 뵙는 것)으로 찾아왔을 때 활을 쏘고 또 휴식을 취할 수 있는 공간을 마련하고자 한 것이다.

다시 그로부터 열흘 즈음 뒤인 5월 25일에는 오랜 기간 제대로 지내지 못했던 선친의 제사를 갖추어 지내고, 또 지방紙榜을 써 붙여 죽은 막내딸 숙단의 제사를 지낸다. 오후에는 술자리를 열어 가족들과 함께 장수를 기원하는 잔을 기울이기도 한다. 저녁 무렵이 되자 동쪽 누대에 올라 바람을 맞으며 주변 풍광을 완상하고 또 물가로 내려가 맑은 물과 노니는 물고기들의 모습도 구경한다. 이날 외출로 부족했는지 이틀 뒤인 5월 27일 아내 및 가족들과 함께 마을 앞을 흐르는 천변으로 걸어 나가 종일 주변 풍광을 완상하며 여유로운 시간을 보낸다. 사람들이 낚싯대로 잡아 온 물고기를 탕으

그림 12
평강 정산탄 인근의 지형, 국토교통부 V-World 지도서비스(https://map.vworld.kr)에서 전재

로 끓이고 보리밥을 지어 점심을 먹기도 했다. 임천에 머무를 때는 상상하기 어려웠던 평화로운 일상의 모습이다.

아래 인용은 평강으로 이사한 뒤 물질적, 심리적으로 여유로워진 상황에서 오희문이 남긴 기록이다.

> 요새 무료해서 계사년(1593)과 갑오년(1594) 일기를 보니, 그동안 유랑하고 병을 앓으며 굶주림과 추위로 고생한 상황을 이루 다 말할 수가 없다. 그러나 슬하의 칠 남매가 모두 탈 없이 살아 있으니, 비록 때로 먹을 것이 부족하여 탄식

해도 비통하고 가슴 아픈 일은 없었다. 이 산골로 들어온 뒤로는 양식과 반찬이 떨어지지 않고 맛있는 음식도 얻게 되어 언제나 어머니를 봉양하고 아랫사람들을 기를 수 있으니, 근심이 없다고 하겠다. 그러나 이제 매양 좋은 날에 좋은 음식을 보면 문득 슬픈 눈물을 그칠 수 없으니, 다만 막내딸이 먼저 죽었기 때문이다. 갑오년 봄과 여름에 한창 굶주려 곤궁한 중에도 오랫동안 막내딸과 바둑 놀이를 하며 무료한 회포를 달랬는데 지금은 할 수가 없으니, 애통함이 더욱 지극하다. 슬프구나, 내 딸이여! 네가 어찌 나를 버리고 먼저 가서 나를 끝없이 비통하게 한단 말이냐. 너무나 슬프다.[39]

−1597년 7월 4일 일기

9월 16일에는 적성赤城(지금의 경기도 파주시 적성면, 연천군 백학면 일대)에 머물러 있던 여동생[南妹](남상문의 처)이 찾아온다. 여동생은 사흘간 머무르고 9월 20일 다시 적성으로 돌아가는데, 오희문은 아우 오희철과 함께 10리 밖까지 여동생을 전송한다. 여전히 전란 중에 있어 언제 또 볼 수 있을지 기약할 수가 없었기에, 오희문의 어머니 고성固城남씨는 딸과 헤어지며 눈물을 그치지 않았다. 여동생이 떠난 하루 뒤인 9월 21일 오희문은 큰딸과 사위 신응구가 평강현에 도착했다는 소식을 듣는다. 그로부터 이틀 뒤인 9월 23일 관아에 머물러 있던 큰딸이 외손자 중진重振(신량申湸)을 데리고 오희문이 머무르고 있던 서면으로 찾아온다. 외손자 진아가 똥을 싸서 옷이 더러워졌음에도 오히려 더욱 사랑스럽다는 표현[1597년 9월 25일 일기]을 통해 오희문이 딸과 외손자 보기를 얼마나 고대하고 있었는지를 유추해 볼 수 있다. 그해 11월에는 둘째 아들 오윤해가 평강으로 찾아 왔으며[1597년 11월 12일 일기], 12월에는 셋째 아들 오윤함이 해주에서 찾아와[1597년 12월 7일 일기], 오랜만에 가족들이 모여 단란한 시간을 보냈다는 기록이 확인된다. 한편 평강으로 거주지를 옮긴 첫해인 1597년, 좋은 일만 있었던 것은 아니다. 당해 10월 평강현 관아에 머물러 있던 사위 신응구의 모친 즉, 오희문의 사돈이 세상을 떠난다. 오랜 기간 병환을 앓다 사망했던 터라, 오희문은 그간 병든 어머니를 간호하느라 건강 상태가 많이 나빠진 사위 신응구를 걱정하기도 했다.

평강에 거주지를 새롭게 마련하고 조금씩 생활의 안정을 찾음에 따라, 멀리 흩어져 살던 가족들과 상봉하기도 하고 서로 안부를 물으며 입고 먹을 것을 다소간 챙길 수 있게 되었지만, 오희문으로 하여금 긴 피란을 하게 만든 근본 원인으로서 전란은 여전히 끝나지 않고 계속되고 있었다. 평강이 강원도 산골짜기라 설마 그곳까지 전쟁의 여파가 미쳤을까 싶지만, 오희문이 머무르던 정산탄 또한 전란으로부터 자유롭지 못했다. 아래 인용은 깊은 산속에 살면서도 늘 군사들의 출현을 긴장해야 했던 당시의 현실을 적나라하게 보여주는 사례라 하겠다.

> 명나라 군사 10여 명이 황폐한 마을의 인가에 와서 소란을 피워 남의 재물을 빼앗고 주민들을 마구 때리고는 그길로 원적사圓寂寺로 갔다고 한다. 혹시라도 여기로 올까 두려워서 생원(오윤해)의 온 식구들과 여기에 함께 모여 문을 닫고 굳게 지킬 생각이다. 다만 이곳의 사람들은 모두 군량을 실어 나르는 일로 나갔다가 아직 돌아오지 않아서 저 무리들을 제지할 수 없으니, 매우 근심스럽기 그지없다. 원적사에서 고개를 넘어 이천 길로 간다면, 그 다행스러움을 이루 다 말할 수 있겠는가.[40]
>
> — 1598년 4월 3일 일기

명나라 군사 30여 명이 철원鐵原 땅에서 삭녕朔寧 땅으로 와 있다고 한다. 여기까지 거리가 멀지 않아 겨우 고개 하나를 사이에 두고 있을 뿐인데, 가는 곳마다 난리를 일으켜 사람들의 소와 말, 재물을 빼앗고 조금이라도 자신들의 말을 따르지 않으면 인가를 불태우고 사람을 때려서 상해를 입힌다고 한다. 그들이 넘어올까 몹시 두렵다. 그러나 어제 와서 묵은 뒤로 지금까지 그림자도 보이지 않으니, 필시 안협 安峽이나 토산兎山 쪽 길로 갔을 것이다.[41]

—1598년 7월 21일 일기

오희문의 입장에서 그나마 의지할 곳이라고는 평강의 수령이던 장남 오윤겸의 존재였다. 관아의 업무와 전란 와중에 출장과 파견으로 인해 비록 자주 보지는 못했지만, 항상 가족들을 먼저 챙기는 아들이 옆에 있다는 사실은, 그 무엇과도 비교할 수 없는 심리적, 물질적 든든함을 오희문에게 안겨다 주었다.

내 아들 윤겸允謙이 이곳 수령일지니

1595년 7월 평강현감에 임명된 오윤겸이 임지인 평강에 부임한 것은 1595년 8월이다. 오희문이 임천을 떠나 평강에 도착한 1597년 2월 무렵은, 평강현감으로서 오윤겸이 수령의 임무를 수행한 지 이미 1년 6개월이 지났을 때이다. 초짜 지방관으로서 평강에 갓 부임할 무렵의 긴장과 서투름은 어느덧 사라지고, 능숙한 업무와 노련한 판단을 바탕으로 고을의 여러 문제를 풀어나가는 모습을 떠올려 볼 수 있겠다. 비단 고을의 현안뿐만 아니라 왜적에 맞설 군사를 징발하고 물자를 관리하는 임무 또한 여러 차례 맡아서 수행하였기에, 오윤겸은 지방 고을에서 관직 생활을 편안하게 누리던 것이 아니라 그 누구보다 바쁜 삶을 살고 있었다.

흥미로운 점은 이 무렵 오윤겸이 문과에 급제했다는 사실이다. 오윤겸은 아우 오윤해와 함께 1597년 2월 28일에 열린 별시에 응시했다. 오희문의 일기에 따르면, 1597년 3월 19일 오후 한양의 성균관에서 5명의 사람이 평강을 방문했다1597년 3월 19일 일기. 급제 방목榜目(합격자 명단)을 가지고 나팔을 불며 달려와 오윤겸의 대과 합격을 알린 것이다. 함께 시험에 응시했던 차남 오윤해는 낙방했지만, 오희문은 장남 오윤겸의 문과 급제 소식을 접하자 한량없이 기

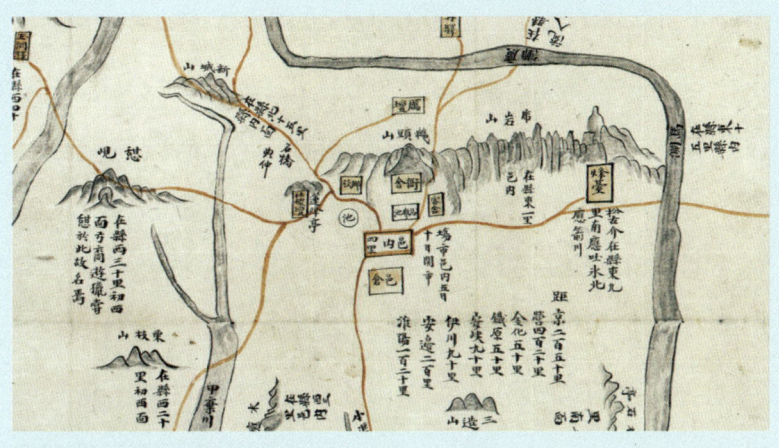

그림 13
1872년 제작된 것으로 추정되는 평강군 채색지도 속 평강 고을 일대.
서울대학교 규장각한국학연구원 소장

뻐한다. "강경講經에 응시한 사람이 2백여 명인데, 뽑힌 사람은 19명 뿐이라고 한다. 오씨吳氏 문중에 우리 5대조 이하로 급제한 사람이 없었는데, 이번에 우리 아들이 처음으로 이루어 냈다. 이제부터 뒤를 이어 나오기를 바랄 수 있을 것이다. 한 가문의 경사를 말로 어떻게 다 표현하겠는가. 더욱 한없이 기쁘다. 하늘에 계신 선친의 영령도 저승에서 분명 기뻐하실 것이다."[42][1597년 3월 19일 일기]라는 표현을 통해, 당시 오희문이 얼마나 기뻤을지 헤아려 볼 수가 있다.

한양에 갔던 오윤겸은 4월 16일 평강으로 돌아온다. 조선시대 과거에 급제한 사람은 춤추고 노래하는 광대를 데리고 사흘간 풍악을

3. 평강에서의 나날들(1597~1600): 거래 속 안정의 도모

울리며 이곳저곳 거리를 돌면서 친척, 지인 등을 찾아가 인사하는 소위 '삼일유가三日遊街'의 풍습이 있었는데, 오윤겸도 당시 홍패紅牌(합격증서)와 어사화御賜花를 가지고, 임피臨陂에 살던 서순학徐順鶴과 은진恩津에 살던 유복劉福을 광대로 삼아 한바탕 놀았던 것으로 보인다. 일기의 기록에 따르면, 해당 광대들에게는 정포正布(품질이 좋은 베) 2필, 흰 모시 중치막中赤莫 1벌, 흰 무명[繞竹白木] 반 필, 베[布] 반 필이 지급되었다. "처음 홍패를 맞이할 때는 으레 이렇게 준다."[43][1597년 4월 16일 일기]라는 기록으로 미루어보건대, 일종의 관례로서 과거 합격연의 전초 정도로 여길 수 있지 않을까 싶다.

그로부터 5일 뒤인 4월 21일 여러 사람을 초대해 장남 오윤겸의 과거 합격 잔치를 한바탕 크게 열고 난 다음, 오희문은 다시금 일상으로 돌아온다. 오윤겸이 과거에 합격하긴 했으나, 이미 지역 고을의 수령으로서 그 임무를 맡고 있었기 때문에, 당장 어떠한 벼슬이 내려지기를 기대하기는 어려웠다. 오히려 평강으로 이사한 지 얼마 되지도 않은 상황에서, 오윤겸이 급작스럽게 경관직京官職(서울의 중앙관직)에라도 임명된다면 그것을 더 걱정해야 할 판이었다. 만에 하나라도 그렇게 될 경우, 겨우 안정을 찾은 생활이 다시금 급작스럽게 바뀔 것이 불 보듯 뻔했기 때문이다.

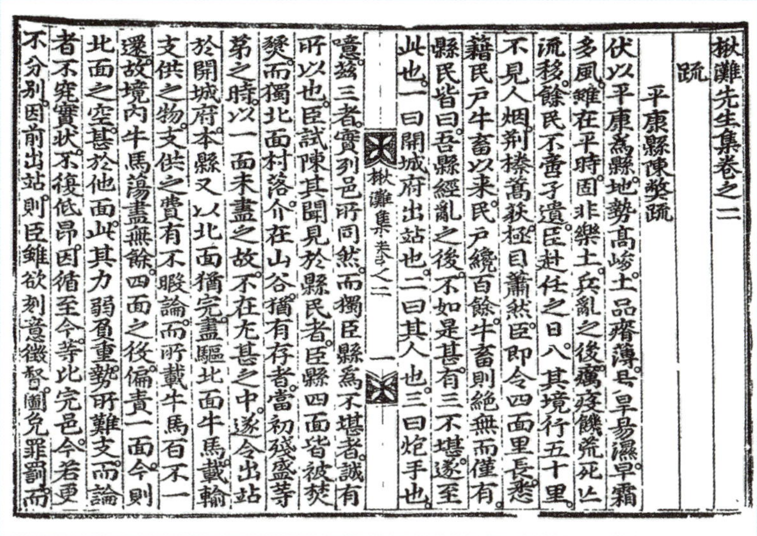
楸灘先生集卷之二

疏

平康縣陳弊疏

伏以平康爲縣地勢高峻土品瘠薄旱易濕早霜
多風雖在平時固非樂土兵亂之後癘疫饑荒死亡
流移餘民不啻孑遺臣赴任之日入其境行五十里
不見人烟荊榛蔦萩極目蕭然臣即令四面里長悉
籍民戶牛畜以來民戶纔百餘牛畜則絶無而僅有
縣民皆曰吾縣經亂之後不如是甚有三不堪遂至
此也一曰開城府出站也二曰其人也三曰炮手也

楸灘集卷之二 一

噫茲三者實列邑所同然而獨臣縣爲不堪者誠有
所以也臣試陳其聞見於縣民者臣縣四面皆被焚
燹而獨北面村落介在山谷猶有存者當初殘盛等
第之時以一面未盡之故不在尤甚之中遂令出站
於開城府本縣又以北面猶完盡驅北面牛馬載輸
支供之物支供之費有不暇論而所載牛馬百不一
還故境內牛馬蕩盡無餘四面之役偏責一面今則
北面之空甚於他面此其力弱負重勢所難支而論
者不究實狀不復低昂因循至今等此完邑今若更
不分別因前出站則臣雖欲刻意徵督圖免罪罰而

그림 14

『추탄집楸灘集』, 「평강현진폐소平康縣陳弊疏」, 한국고전번역원, 한국고전종합DB(https://db.itkc.or.kr)

그러한 기대 및 걱정과 달리 오윤겸은 1600년 12월 벼슬을 그만두고 농장이 있던 결성으로 다시 내려가기까지 평강현감의 직무를 계속 수행했다. 관련해서 오윤겸의 문집인 『추탄집楸灘集』에는 〈평강현진폐소平康縣陳弊疏〉라는 상소가 실려 있는데, 해당 글은 오윤겸이 평강현감으로 재직하던 당시 백성들이 겪던 여러 어려움과 행정상의 각종 폐단을 정리해서 진달하고, 이를 구제하기를 요청한 상소문이다. 1595년 7월 평강현감에 임명되어 1600년 12월 벼슬을 그만두었으니, 오윤겸은 약 4년 5개월이라는 짧지 않은 기간 동안 평강현감의 자리에 있으면서 지방관의 책무에 진심을 기울여 임한 것이다.[44]

아들이 수령으로 있던 고을에 머물면서 오희문은 물질적으로 그리고 심리적으로 적지 않은 혜택을 입었다. 1600년 12월 오윤겸이 벼슬을 그만둠에 따라 오희문 또한 이듬해 1601년 2월 22일 평강을 떠나는데, 1597년 봄부터 1600년 겨울까지 오희문이 평강에 머무른 약 4년이라는 기간은 무척이나 궁핍했던 임천에서의 생활과 달리 상대적으로 매우 풍족한 삶을 영위했다고 해도 과언이 아니다.

예컨대 아래의 표는 오희문이 평강 서면(정산탄)에 거처를 마련해 그곳에서 생활을 본격적으로 시작한 시기(1597년 5월)부터 대략 12개월 이후의 시점(1598년 4월)까지, 즉 초기 1년여의 기간 동안 오윤겸이 오희문에게 전달한 음식과 물자를 월 단위로 정리한 것이다.

〈표 7〉 오희문이 관청(오윤겸)에서 받은 음식과 물자(1597년 5월~1598년 4월)

취득 연월	음식		물자
1597년 4월	곡식	-	솥[炊鼎] 2개 농기農器 2벌
	육류	-	
	어물	-	
	과일, 채소	-	
	소금, 젓갈, 장	-	
	기타 음식	-	

취득 연월		음식	물자
1597년 5월	곡식	백미 2말, 기장쌀 2말, 매조미쌀 1섬, 녹두 1말, 밀가루 1말, 잣 1말, 개암 5되	-
	육류	새끼노루 3마리, 사슴고기 포 20조, 사슴고기, 수탉	
	어물	생붕어 5마리, 절인 고등어 15마리, 반쯤 말린 고등어 5마리, 말린 고등어 50쪽, 말린 방어 4마리, 생전복 100개, 해삼 15개, 가자미 5뭇, 묵은 미역 5동, 새 미역 9동	
	과일, 채소	순채 4사발, 석이 2말, 잡버섯 3되, 미나리 3단, 도라지	
	소금, 젓갈, 장	간장 3되, 감장 2말	
	기타 음식	-	
1597년 6월	곡식	백미 6말	노루가죽 2벌 명주 5자
	육류	새끼노루 7마리, 새끼돼지 1마리, 새끼꿩 6마리, 말린 꿩 3마리, 날꿩 3마리, 영계 4마리	
	어물	광어 6마리 반, 말린 은어 30두름, 절인 고등어 20마리, 말린 고등어 30마리, 가자미 15뭇, 말린 잡어雜魚 25뭇, 대구 5마리, 도미 3마리 쌍어雙魚 5마리, 절인 황어黃魚 5마리, 말린 면어綿魚 1말, 문어 4조, 해삼, 홍합	
	과일, 채소	오이 72개, 앵두 1바구니	
	소금, 젓갈, 장	복피혜 10개, 고등어 알젓 1항아리	
	기타 음식	소주 11병, 꿀 2되, 상화병 2바구니	
1597년 7월	곡식	백미 14말, 매조미쌀 1섬, 찹쌀 3되, 밀가루 4말, 잣 2되, 겉잣 5되, 청태靑太 8되, 호두 2되 5홉, 개암 5홉, 메주 2말, 녹두가루 1되 5홉, 가을보릿가루 9되	베 1필 자리席子 1장 농기農器 물레 2틀 등잔걸이 2개
	육류	꿩 20마리, 닭 11마리, 사슴고기 포 10조, 큰 노루 1마리, 노루고기와 내장, 노루다리와 갈비, 삶은 노루머리	
	어물	대구 4마리, 문어 1마리, 광어 4마리, 작은 전복 1첩, 깨진 전복, 홍합	

취득 연월		음식	물자
1597년 7월	과일, 채소	석이 2말, 오이 60개, 파 5단, 수박 5개 참외 2개, 가지 36개	
	소금, 젓갈, 장	감장 1말, 소금 4말, 간장	
	기타 음식	꿀 4되, 참기름 6홉, 식초 1되, 소주 17병, 전병 1바구니, 약과 90개, 봉과 蜂果 30개, 마늘 14통	
1597년 8월	곡식	백미 10말, 조미粗米 2섬, 밀 4말, 반직 半稷 4섬 9말, 보리종자 1섬	새끼노루 가죽 16장
	육류	날꿩 5마리, 꿩 3마리	
	어물	절인 전복 120개, 복장腹莊 24개, 송어 알 5조각, 큰 송어 2마리, 말린 삼치 1마리	
	과일, 채소	송이 20개	
	소금, 젓갈, 장	소금 1말	
	기타 음식	참기름 1되, 청주 1병, 소주 4병	
1597년 9월	곡식	백미 5말 6되, 전미田米 1말, 벼 1섬, 좁쌀 1섬, 찹쌀 3말, 밀가루 2말, 잣 6말, 개암 5되, 피목皮木 1말, 태太 1섬, 말먹이 콩 3말	외주外紬 1필 백문석白文席 1장 매 1마리
	육류	닭 2마리, 날꿩 4마리, 꿩 3마리	
	어물	송어 2마리, 절인 은어 10마리, 조기 2뭇, 대구 5마리, 대구 복장 5개, 대구 알 5조각, 생방어 1마리, 말린 삼치 1마리, 절인 전어 15마리, 말린 항어項魚 2마리, 생전복 50개, 문어 2마리, 미역	
	과일, 채소	송이 100개	
	소금, 젓갈, 장	간장 3되, 소금 5말 1되, 식초 1되	
	기타 음식	꿀 2되, 소주 5병, 술 2병, 들기름 1되	
1597년 10월	곡식	백미 16말, 잣 5되, 개암 3되, 두豆 1섬	보라매 1마리 매 1마리 삼 2단
	육류	날꿩 6마리, 꿩 2마리, 우양牛䑋 반 짝, 고기 1덩이, 닭 1마리, 달걀 5개	

취득 연월	음식		물자
1597년 10월	어물	물고기 2말, 대구 2마리, 생문어 한 짝, 생연어 반 짝, 생방어 반 짝, 생방어 2마리, 생은어 25마리, 절인 은어 80마리, 절인 전복 40개, 생전복 50개, 말린 열목어 10마리	
	과일, 채소	석이 1말, 배 20여 개, 모과 1말	
	소금, 젓갈, 장	소금 3말	
	기타 음식	꿀 7되, 기름 1되, 청주 1병, 술 2병, 참기름 1되 들기름 2되, 약과, 기름떡, 포도정과	
1597년 11월	곡식	백미 5말, 매조미쌀 10말, 보리 평섬 1섬, 좁쌀 평섬 4섬3말, 두료 5말	신발 사기사발 8개 접시 9개
	육류	곰고기 포 60조, 날꿩 5마리, 소고기 1덩어리	
	어물	방어 반 짝, 송어 1마리, 말린 은어 10두름, 말린 문어 3마리, 생문어 2조, 대구 2마리, 다시마 2동, 준치 2마리, 밴댕이 2두름	
	과일, 채소	배 30개	
	소금, 젓갈, 장	쌀새우젓 2사발	
	기타 음식	곰기름 1말, 소주 6병, 청주 3병	
1597년 12월	곡식	백미 9말, 세미細米 3말, 중미中米 30말, 전미田米 15말, 밀가루 5되, 메밀 1말, 잣 2되, 개암 1되 5홉, 호두 3되, 콩 3섬, 가을보릿가루	명주 1필 이불 1개 생삼 1단 침향색沈香色 명주 장의 겉감과 안감 쌍륙놀이 도구 베 반 필 사슴가죽 버선
	육류	날꿩 33마리, 말린 꿩 4마리, 노루 다리 2짝, 노루 1마리, 말린 노루 1/4짝	
	어물	은어 50뭇, 방어 반 짝, 대구알, 연어알, 말린 열목어 4마리	
	과일, 채소	무 3말, 파 4되, 김치 1동이, 오이지 30개, 도라지 6사발, 배 40개	
	소금, 젓갈, 장	-	

취득 연월		음식	물자
1597년 12월	기타 음식	소주 8병, 청주 36병, 들기름 7되, 참기름 3되, 꿀 8되, 식초 2되, 소금 2말, 간장 3되, 감장 6말, 강정 1말, 떡과 면 각 1고리	
1598년 1월	곡식	전미田米 2섬, 중미中米 10말, 녹백미綠白米 2말, 찹쌀 7되, 잣 4되 1홉, 호두 4되, 개암 6홉, 콩 12말	-
	육류	꿩 10마리, 날꿩 16마리, 말린 큰꿩 3마리	
	어물	방어 2조, 은어 30뭇, 대구 2마리	
	과일, 채소	배 40개, 말린 고사리, 도라지, 석이 3되	
	소금, 젓갈, 장	날꿩고기 식해 4마리, 소금 2말, 간장 2되	
	기타 음식	술 2병, 청주 9병, 약과 180개, 봉접과 蜂蝶果 25개, 떡과 국수 1고리, 강정 4되, 빈사과 120편, 꿀 3되, 들기름 1되	
1598년 2월	곡식	백미 11말, 세미細米 1말, 전미田米 9말, 전미田米 평섬 1섬, 녹두가루 1되, 콩 평섬 2섬 14말 6되	-
	육류	말린 꿩 1마리, 꿩 1마리, 날꿩 5마리, 햇닭 2마리, 삶은 집돼지 다리 반 짝과 날다리 반 짝	
	어물	청어 3마리, 생가자미 5마리, 방어 1마리, 대구 4마리, 생전복 30개, 생숭어 1마리, 북청어北靑魚 4마리	
	과일, 채소	배 27개, 삶은 도라지 3사발	
	소금, 젓갈, 장	간장 4되, 소금 3말	
	기타 음식	소주 3병, 꿀 3되, 들기름 2되, 참기름 1되, 식초 1되	
1598년 3월	곡식	백미 13말, 중미中米 5말, 전미田米 2섬 2말, 찹쌀 3되, 잣 5되, 개암 3되, 보리쌀 7말, 반직¥稷 8말	대자리 2부
	육류	날꿩 5마리, 달걀 1항아리, 노루 다리 1짝, 갈비 1대 목살[項丁] 1개, 날노루 1마리	

취득 연월		음식	물자
1598년 3월	어물	대구 11마리, 생열목어 13마리, 큰 가자미 15마리, 말린 열목어 13마리, 생전복 30개, 가자미알 1항아리	
	과일, 채소	-	
	소금, 젓갈, 장	소금 6말, 식초 1되	
	기타 음식	청주 2병, 소주 4병, 참기름 10홉, 꿀 3되	
1598년 4월	곡식	백미 10말, 중미中米 17말, 전미田米 35말, 잣 1말 1되, 밀가루 2되, 점백미粘白米, 호두 1되, 두효 10말, 콩 25말	새 호미 3개 헌 호미 3개 괭이 1개 도끼 1개
	육류	돼지고기, 노루고기, 날노루고기 앞다리와 뒷다리, 갈비, 목살, 날꿩 2마리, 노루 다리 3첩	
	어물	생열목어 5마리, 열목어 5마리, 말린 열목어 4마리, 대구 6마리, 은어 75뭇, 말린 은어 20뭇, 소금에 절인 조기 15개, 가자미 15뭇, 미역 1동, 절인 전복 60개, 송어 반 짝	
	과일, 채소	석이 8되, 곶감 4곶	
	소금, 젓갈, 장	소금 1섬, 식초 1되, 감장 3말	
	기타 음식	청주 6병, 제주祭酒 1병, 꿀 6되, 쑥을 넣은 절편 1상자, 중배끼[中朴桂] 83잎, 들기름 1되	

상단의 표를 통해 확인할 수 있듯이, 오희문은 그의 아들인 평강현감 오윤겸으로부터 생활에 필요한 음식과 물자를 매달 꾸준히 조달받았다. 쌀과 꿩 그리고 소금과 술은 매번 거의 빠짐없이 전달받은 필수품이라 할 수 있으며, 어물의 경우 달마다 그 품목이 조금씩 바뀌긴 하였으나 마찬가지로 다양한 종류의 물고기와 해조류를 꾸

준히 조달받은 정황을 확인할 수 있다. 관련해서 평강은 위치상 내륙이었지만, 오윤겸이 자신의 네트워크를 활용해 인근의 통천通川, 안변安邊 등의 동해 연안 고을로부터 해산물을 조달받아 오희문을 포함한 일가에 전달한 정황이 여러 곳에서 확인된다[1597년 5월 20일, 6월 23일 일기 등]. 음식뿐만 아니라 농기구라든지, 그릇과 옷감 그리고 가죽과 사냥용 매 등 생활에 필요한 기타 물자 또한 꾸준히 공급받았다. 특히 사냥용 매의 경우 평강의 토산품이었는데, 잣과 석이버섯과 꿀도 평강을 대표하는 산물에 해당한다.

이렇게 오희문이 생활에 필요한 물자를 오윤겸으로부터 공급받은 정황은, 오윤겸이 평강현감을 그만두고 결성으로 내려갈 때(1599년 12월)까지 약 2년 8개월의 기간 동안 지속되었다. 아들이 수령으로 있는 고을의 관아로부터 물자를 조달받는 것은 생활을 궁핍하지 않게끔 하는 데 필수적 요소였다. 관아에서 음식을 조달받지 못하면 제대로 된 식사를 할 수 없을 때가 많았고[1598년 2월 27일 일기], 특히 오윤겸이 오랜 기간 외부에 출타라도 하게 될 경우 관아에서 음식을 제대로 공급받지 못해 어려움을 겪는 일이 발생했다[1597년 8월 25일 일기].

한편 오희문은 고을(평강현) 형편이 넉넉하지 않음을 알고 있었기에, 오윤겸으로부터 지속적으로 음식을 조달받는 상황에 대한 부담과 걱정도 늘 있었던 것으로 짐작된다[1598년 4월 29일 일기]. 정상적인 경제 활동을 기대하기 어려운 피란 속에서 그나마 입에 풀칠할 수 있는 방도는 지역의 고을 수령으로 있던 아들에게 의지하는 것이었는데, 그 모양새가 썩 좋지 않다는 사실을 오희문 또한 익히 인지하고 있었던 것이다. 하단에 인용한 내용은 그러한 오희문의 복잡한 심경이 드러나는 일단의 에피소드라 하겠다.

> 느지막이 김언신金彦臣의 어미가 머리를 풀어 헤치고 달려와 울면서 호소하기를, 지난달 관아에 수미收米를 바치지 못해서 색장色掌이 엄하게 독촉하며 머리채를 끌고 마구 때리니 그 괴로움을 견딜 수 없다고 했다. 이는 지난달 물에 길이 막히는 바람에 사람이 현에 오갈 수 없게 되어 이틀 동안 양식이 떨어져 위아래 사람들이 겨우 죽을 쑤어 먹다가, 하루아침에 아침거리가 똑 떨어져서 어찌할 방도가 없던 차에, 때마침 언신의 집에서 수미를 아직 관에 바치지 않았다는 말을 듣고서 부득이 가져와서 먹었기 때문이다. 당시 곧장 윤겸에게 편지를 보냈고, 또 와서 보았을 때 직접 감록減錄해 주라고 말하면서 그 이름을 써서 주었다. 그래도 잊어버릴까봐 걱정되어 그 뒤에 또 윤해에게 그의 이름을 써

서 보낸 지가 이제 한 달 남짓 되었다. 달리 바치라고 독촉하는 명령이 없었기에 이미 감해 주었으리라고 생각했는데, 며칠 전에 언신의 어미가 와서 색장이 수미를 바칠 것을 독촉하니 어떻게 해야 하냐고 말했다. 이에 내가 다시 편지를 보내서 물어보고 이후로 다시 독촉하면 내가 마련하여 바칠 것이니 의심하지 말라고 했다. 그날 때마침 현에 들어가는 사람이 있어 그편에 이러한 내용으로 편지를 써서 보냈는데, 윤겸이 답장하기를, "말씀하신 대로 감해 주어야 하지만 불공정함을 무릅쓴 듯하여 마음이 썩 편치 않습니다."라고 했다. 나 역시 마음이 편치 않던 차에 지금 결과적으로 이렇게 되었으니, 부끄럽고 무안함을 어찌 말로 다 할 수 있겠는가. 만약 그때 안 된다고 말했더라면 현에서 보내준 양식으로 수미를 마련해 관에 바쳤을 것이다. 그런데 끝내 안 된다는 뜻을 말하지 않은 채 입을 다물고 있은 지 오래되어 끝내 이 지경에 이르렀다. 뒤늦게 한탄해 보아야 어찌하겠는가. 이곳에 몇 년 동안 머물면서 이 지방의 인심을 살펴보니, 윤겸이 바야흐로 고을을 다스릴 때 자못 완악하고 사나운 일이 벌어져 때때로 욕하고 헐뜯는 말이 들려왔다. 만약 하루아침에 체직되어 떠난다면 필시 적지 않은 모욕을 당할 것이다. 내년 봄쯤 체직되기 전에 늙은 어머니를 모시고서 내가 먼저 다른 곳으로 옮길 생각인데, 세상일이 이와 같으니 아마도 그렇게 꼭 되지만은 않을 것이다. 윤겸은 성품이 본래 지나치게 너그럽고 느긋하며 또 잘 잊어버려서, 비록 하리下吏에게 일러주어도 하리가 원체 무서워하지 않고 명령을 따르지 않기 때문에 이러한 사태까지 벌어지게 된 것이다. 내가 이미 그 문제를 알고 있었음에도 하루아침의 식량난을 어찌하지 못하고 그래서는 안 될 일을 억지로 감해 주도록 하여 결국 노파에게 믿음을 잃고 욕을 당한 것이 매우 많으니, 후회하고 한탄한들 어찌하겠는가. 이제부터 경계할 바를 알았으니, 구차한 일은 하지 않을 것이다. 오늘 비 옥춘玉春이 현에 들어가기에, 언신이 바치지 못한 수미 1말 6되를 마련해 보내서 관에 바치게 하여 영영 후환을 끊어 버렸다.[45]

—1598년 8월 16일 일기

관아를 통해 여러 가지로 물자를 보급받는 것과는 다른 맥락에서 오희문에게 스트레스가 되었던 일이 있으니 바로 주변으로부터의 청탁이다. 아들이 수령으로 있는 고을에 주거지를 마련한 아버지라면 필연적으로 겪을 수밖에 없었던 일인지도 모른다. 공식적인 채널을 거쳐 수령인 오윤겸에게 요청하기 어려운 일이 있을 때 그 아버지인 오희문에게 은근히 뇌물을 전달함으로써 자신의 요구사항을 관철하려 했던 인물들의 모습이 일기 여러 곳에서 확인된다.

예를 들어 옥동역玉洞驛의 역인[驛子] 이상李尙이 말린 민물고기 60마리를 가지고 와서 바치면서 무언가를 부탁했는데, 그 요청을 들어주지 못하고 소주를 대접해 보낸 일화라든지[1597년 5월 17일 일기], 어느 날 김언신이 그 어미가 준 팥 4말 3되를 가져왔는데, 그것이 관아에서 부여하는 아들의 역役을 봐달라는 요청의 대가라는 생각이 들자 불편함을 느낀 일화라든지[1597년 5월 23일 일기], 북쪽 마을에 사는 정인국鄭仁國이 연이어 찾아와 별다른 이유 없이 황이黃耳와 녹두 등을 바치자, 추후 무언가를 부탁하는 일이 분명히 있을 것이라 추측한 일이라든지[1597년 8월 12일 일기], 김언춘이 날꿩 1마리를 가져와서 신역身役을 감해 달라는 요청을 했는데, 인정에 못 이겨 아들 오윤겸에게 신역을 감해주라는 편지를 보낸 일화[1598년 1월 22일 일기] 등이 그에 해당하는 대표적 사례라 하겠다.

한편으로 오희문이 주변의 청탁을 늘 들어주는 입장에 있었던 것은 아니다. 청탁의 정도가 지나치면 그 또한 분명하게 거절했던 것으로 보인다. 아래 인용이 그러한 사례에 해당한다.

> 밤에 전귀실小貴實이 와서 보았다. 콩[太] 1섬을 지고 와서
> 바치며, "한양예초군의 재감裁減(처지를 미리 헤아려 부담
> 을 덜어주는 것)을 받기 위해 드리는 것입니다."라고 말했
> 다. 화가 나서 물리며 다시는 오지 말라고 했다.[46]
>
> —1598년 1월 24일 일기

청탁이 들어올 때마다 오희문의 고민은 상당했으리라 여겨진다. 원하는 바를 무작정 들어줄 수도 없고, 한편으로 매몰차게 요청을 전혀 들어주지 않는 것도 도리가 아니었기 때문이다. 가장 골치 아픈 일은 앞서 언급한 김언신의 어미와 정인국의 일화처럼, 누군가 맥락 없이 가지고 오거나 집안으로 들여보내는 선물이었다. 당장은 순수한 호의에 따른 선물처럼 보일지 모르지만, 그렇게 받은 물품이 어느 시점에 이르러 갑자기 뇌물로 둔갑하여 거절하기 어려운 청탁과 마주하게 될지 알 수 없는 노릇이었기 때문이다. 주변에서 순수한 호의로 전달한 선물일지라도, 오희문은 그것을 온전한 선물로서 받아들이기 어려운 처지에 있었던 것이다.

오희문은 임천에 머무르며 사위 신응구로부터 연명에 필요한 물자를 조달받은 것과 마찬가지로, 평강에 머무르는 동안에는 아들 오윤겸으로부터 생활에 필요한 음식과 물품 등을 제공받았다. 그

리고 임천에 있는 동안 사위 신응구를 매개로 받았던 청탁을 평강에서도 마찬가지로 아들 오윤겸을 매개로 받게 되었으니, 오희문의 입장에서는 임천에서의 생활과 평강에서의 생활이 묘하게 교차하는 지점이 있었을 것이다. 아들이나 사위가 지방 고을의 수령으로 있을 때, 인근에 거주하며 관아 또는 주변인으로부터 받은 선물이 일상생활을 영위하는 데 얼마나 지대한 영향을 미쳤을지 충분히 짐작해 볼 수 있겠다.

평강 일대의 장시와 교환의 양상

오희문은 평강현 서면西面에 거주하면서 얻고자 한 물품을 주로 고을 내의 북면北面과 인근 고을인 철원鐵原(현재의 북한지역 강원도 철원군)의 시장[場市]에서 구했던 것으로 보인다. 오희문이 거주한 마을 정산탄定山灘이 상대적으로 평강현 치소에서 서쪽으로 떨어져 있었고, 철원에서 가까웠기 때문이다. 그리고 평강과 철원의 시장 외에 주변 여러 군현의 시장에 노비들을 보내어 물품을 거래한 흔적들도 확인된다.

예를 들어 통천通川(현재의 북한지역 강원도 통천군), 안변安邊(현재의 북한지역 강원도 안변군), 안협安峽(현재의 북한지역 강원

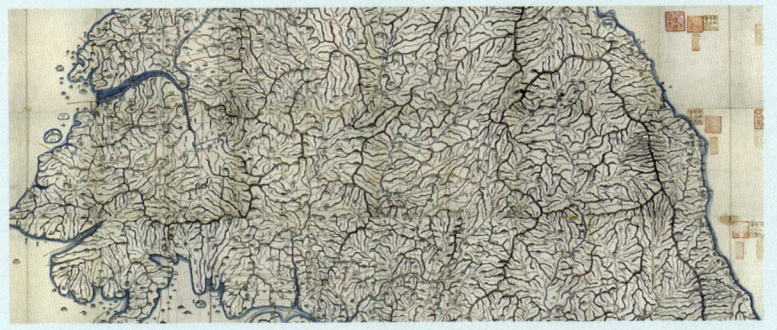

그림 15
《대동여지도》, 북한 지역 황해도와 강원도 일대, 서울대학교 규장각한국학연구원 소장

도 이천군 안협면), 고성高城(현재의 강원도 고성군), 이천伊川(현재의 북한지역 강원도 이천군), 토산兎山(현재의 북한지역 황해북도 토산읍), 고원高原(현재의 북한지역 함경남도 고원군), 함흥咸興(현재의 북한지역 함경남도 함흥시), 해주海州(현재의 북한지역 황해도 해주시), 연천漣川(현재의 경기도 연천군) 등이 오희문이 거래를 도모한 고을이다. 이 외에 시장의 규모라든지 물품을 효율적으로 교환할 수 있는 인프라 등을 고려할 때, 평강에서 가까운 거리는 아니었으나 거래를 위한 최적의 시장은 역시나 한양이었다. 오희문도 한양에서 가장 많은 거래를 했다.

아래의 표는 오희문이 평강에 머무른 약 3년 8개월의 기간 동안 인근 지역의 시장에 사람을 보내어 구체적으로 어떠한 물품을 교환했는지 그 내용을 정리한 것이다.

〈표 8〉 오희문이 평강 주변 고을 시장에 사람을 보내 물품을 거래한 대표적 사례(1597~1600)

일기 언급 일자	장시	지불 물품	취득 물품	참고
1600년 3월 7일	평강	콩[太] 3말	귀리[耳牟] 5말	농사 목적
1600년 6월 19일	부석사	정목正木 5필	짚신[芒鞋] 485개	덕년 중개 거래
1597년 5월 28일 1597년 7월 7일	북면	소금 12말	보리쌀[牟米] 2섬 7말 밀[眞麥] 7말	덕년, 소한 거래
1598년 6월 28일		미역[藿] 3동	콩[豆] 4말 5되	덕년 거래

일기 언급 일자	장시	지불 물품	취득 물품	참고
1598년 9월 18일	북면	무명[木] 3필	꿀[淸蜜]	(실거래 미확인)
1600년 10월 11일 1600년 10월 17일		무명[木] 2필	꿀[淸] 1말 4되	덕년 거래
		패랭이[皮郎笠] 1개	느타리버섯[眞茸] 1곶[串]	
1597년 5월 20일	철원	패랭이[皮郎笠]	물고기[魚]	덕년 거래 (실거래 미성사)
1600년 5월 10일 1600년 5월 12일		콩[太] 3말	소금 3말	덕년 거래
		콩[太] 1말	고등어[古刀魚] 3마리	
1600년 11월 10일 1600년 11월 12일		무명[木] 2필	쌀[稻米] 1섬 2말	덕년 거래
		콩[豆] 3말	말린 은어[乾銀魚] 9뭇[束]	
		무명[木] 반필	방어 큰 것[方魚大] 1마리	
1600년 12월 20일 1600년 12월 23일		정목正木 1필	중미中米 4말 콩[豆] 3말	덕년 거래
		콩[豆] 2말	은어銀魚 7뭇[束]	
		콩[豆] 1말	방어方魚 1조條	
1597년 5월 29일 1597년 6월 24일	통천	좁쌀[粟米] 2말	고등어[古刀魚] 30마리	덕년 거래
1598년 11월 15일		정목正木 1필 반	어물魚物	덕년 거래 (실거래 미확인)
1600년 3월 17일		무명[木] 1필	대구大口 17마리 생문어生文魚 1마리	덕년 거래
1600년 11월 27일 11월 28일 11월 29일		정목正木 3필	어물魚物	덕년 거래 (거래 미성사)

일기 언급 일자	장시	지불 물품	취득 물품	참고
1597년 12월 22일	안변	베[布] 1필	은어銀魚 3동同	김언신 거래
		베[布] 2필 반	미역[藿] 70동同	덕년 거래
1598년 12월 9일		쌀[米] 1말	말린 은어[乾銀魚] 10뭇[束]	안손 거래
1600년 7월 12일 7월 13일 1600년 7월 27일		무명[木] 1필	다시마[多士麻] 10동同	덕년 거래
1597년 6월 28일 1597년 7월 4일	안협	소금 3말 고등어[古刀魚] 27마리	생삼生麻 10단丹	김담 거래
1598년 1월 19일		콩[太] 3말	질동이[瓦盆] 2개[坐]	김담 거래 [옹기장이와 거래]
1598년 11월 29일	고성	무명[木] 1필 반	말린 은어[乾銀魚] 4동同	덕년 거래
1598년 12월 12일		베[布] 3단端	말린 은어[乾銀魚] 2동同 미역[藿] 4동同	김언신 거래
1598년 2월 25일	이천	표범 가죽[豹皮]	-	덕년 거래 [거래 미성사]
1597년 12월 25일 12월 27일	토산	은어銀魚 30뭇	콩[豆] 11말	김언신 거래
1599년 12월 1일 12월 23일	고원	정목正木 1필 차목次木 1필 반	쌀[稻米]	덕년 거래
1599년 10월 17일 11월 26일	함흥	꿀[淸蜜] 6말	베[布] 37필	덕년 거래 [함흥부 거래]
1600년 12월 3일 12월 4일 12월 16일	해주	정목正木 1필	잔 새우[細蝦] 4사발[鉢]	덕년,수이 거래
1598년 12월 25일	연천	곰 가죽[熊皮]	중목中木 4필	김언신 거래 [한양 상인과 거래]
1598년 10월 16일	온양	쌀[米] 30말	목화木花 45근	덕년 거래 [반동反同 거래]

일기 언급 일자	장시	지불 물품	취득 물품	참고
1597년 7월 9일	한양	삼麻 12단丹	무명[木] 1필 반	덕노 거래 [실거래 미확인]
1598년 1월 8일		날꿩[生雉]	–	갯지 거래 [실거래 미확인]
1598년 8월 20일		소[牛] 1마리	은銀 7냥	덕년 거래
		은銀 7냥	말[馬] 1마리	
		표범 가죽[豹皮] 1장[令]	은銀 2냥 3전	광이 거래
1598년 10월 16일		은銀 1냥 2전	중목中木 3필	광이 거래
1598년 12월 20일		은어銀魚 1동同	무명[木]	광이에게 거래요청
		수달 가죽 [獲獺皮]	–	
1599년 1월 11일 1월 20일		병아리[鷄兒] 23마리	아청鴉靑 3승升 포 1필 반청半靑 3승升 포 2필	갯지 거래
		정목正木 3필	아청鴉靑 3승升 포 2필	
		수달 가죽 [水獺皮]	반청半靑 3승升 포 1필 반	
1599년 3월 11일		호랑이 가죽 [虎皮]	무명[木] 7필	광이 거래
1599년 5월 3일		누룩[斗麴] 5덩이[員] 반	은銀 7전	–
		꿀[淸] 2되	은銀 2전	
		중간크기 문어 [中文魚] 2마리	은銀 2전 반	
1599년 5월 7일		중목中木 1필	중간크기 독[中瓮] 2개[坐]	–
		거친 무명[麤木] 2필	소금 17말	
1599년 8월 17일		무명[木] 1필	목화木花 14근	광이 거래

3. 평강에서의 나날들(1597~1600): 거래 속 안정의 도모

일기 언급 일자	장시	지불 물품	취득 물품	참고
1599년 11월 21일	한양	은銀 2전 쌀[米] 2되	망건網巾	응이 거래
		쌀[米] 2되	장식용 공단[飾丹]	
		콩[豆] 1말 5되	베갯모[枕隅]감 홍단紅段	
		은銀 1전	자색비단[紫色紬] 2차次	
1599년 11월 22일		백미白米 1말 2되 좁쌀[粟米] 2되	체[篩] 1개	-
		백미白米 3되 좁쌀[粟米] 5되	사발沙鉢 3개 접시貼是 4개 보시기[保兒] 2개	
1600년 1월 11일 1월 21일		병아리[鷄兒] 10마리	청포靑布 2필	덕년 거래
1600년 2월 3일 2월 14일		어미닭[母鷄] 6마리	은銀 3전	덕년 거래
		장 항아리[醬瓮] 1개[坐]	은銀 1냥4전	광이 거래
		은銀 4전 중목中木 2필	갓[笠子] 1개	
		은銀 3전	해진 갓[破笠] 1개	
1600년 2월 21일		쌀[米] 5되	대구大口 2마리	-
		은銀 1전	소고기[牛肉] 1덩어리[塊]	
1600년 2월 25일		무명[木] 반필	삶은 고기[烹肉] 1덩어리[塊]	-
1600년 2월 28일		장 항아리[醬瓮] 2개[坐]	은銀 2냥 8전	-
		무명[木] 12필	은銀 2냥 6전	광이 거래
		은銀 1전 5푼	백미白米 2말 2되	

일기 언급 일자	장시	지불 물품	취득 물품	참고
1600년 2월 28일	한양	은銀 1전 3푼	전미田米 2말 8되	광이 거래
		암송아지[雌犢]	은銀 2냥 6전 5푼	-
		쌀[米] 1말	소금 3말 5되	수이 거래
1600년 3월 18일		은銀 5전	색 비단 머리덮개 [紫色緋緞遮首]	-
		은銀 4전	홋이불[單衾]감 베[布] 1필	
		은銀 4전 반	놋그릇	
		은銀 2전	씨 뺀 목화 [去核木花] 2근	
		은銀 1전	수저[匙箸]	
		은銀 4푼	사기그릇[沙器] 6개	
1600년 6월 19일 6월 27일		무명[木] 2필	쌀[米] 4말 1되 전미田米 3말 5되	덕년 거래
		짚신[芒鞋] 485개	무명[木] 10필	
		은銀 3전	명지名紙 3장丈	
1600년 8월 21일		늙은 황소 [老雄牛]	은銀 7냥 3전	-
		염초染草 40두름[冬乙音]	거친 무명[麤木] 1필 은銀 1전 5푼	
1600년 8월 26일		무명[木] 반필	절인 준치[眞魚] 11마리	-
1600년 10월 24일		정목正木 2필	명주[紬]	광이 거래 (실거래 미확인)
		무명[木] 반필	소금	덕년 거래 (실거래 미확인)
1600년 11월 8일 11월 9일		은[銀子] 5냥 8전	말[馬]	-

상단의 표를 통해 오희문은 북면과 철원과 통천에서 4회, 안변에서 3회, 안협과 고성에서 2회, 이천, 토산, 고원, 함흥, 해주, 연천에서 각기 1회 그리고 한양에서 23회, 온양에서 1회 시장 거래를 하였음을 알 수 있다.

　오희문이 거주하던 정산탄을 기준으로 각 고을까지의 실제 이동 거리를 살펴보면, 가까운 곳부터 안협(약 20km), 이천(약 30km), 철원(약 30km), 토산(약 40km), 안변(약 110km), 통천(약 140km), 한양(약 140km), 고성(약 150km), 고원(약 160km), 해주(약 170km), 함흥(약 230km) 순서로 확인된다.

그림 16
평강에 머무를 무렵 오희문이 거래를 시도한 시장의 소재 고을, OpenStreetMap 지도 활용 편집

한양을 제외하고 인근 고을의 시장에서 주로 거래한 물품은 어물로 보인다. 실제 거래 내용을 고려할 때 아마도 정산탄에서 어물을 구할 수 있는 가장 가까운 연안의 산지産地가 이른바 '영동嶺東'으로 지칭되는 통천과 안변이었던 것으로 보이며[1598년 11월 15일, 1600년 7월 12, 13일 일기], 그만큼 가깝지는 않았으나 고성 또한 다양한 어물을 구할 수 있었던 곳으로 보인다[1598년 11월 29일 일기]. 서해 연안의 해주는, 평강을 기준으로 볼 때 영동 지역 즉 통천과 안변에 비해 거리가 오히려 멀어서 평소에는 그곳 시장까지 방문하여 어물을 구매할 일이 거의 없었지만, 간혹 상황에 따라서 방문하는 일이 아예 없

그림 17
《관동지도》, 흡곡, 통천, 고성 등 영동嶺東 지역, 서울대학교 규장각한국학연구원 소장

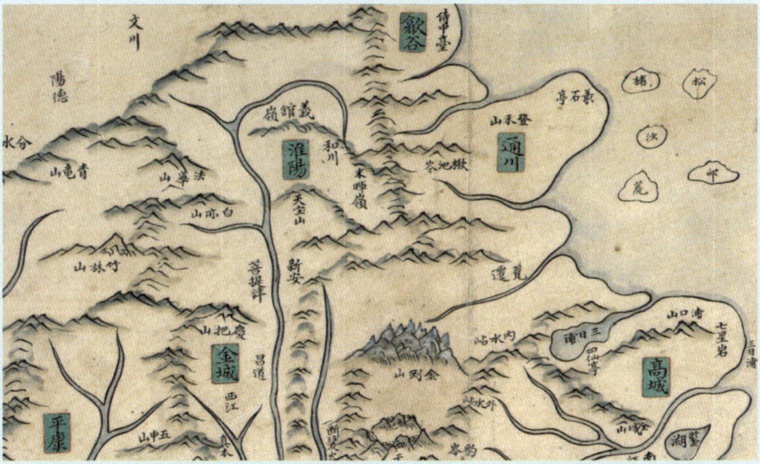

3. 평강에서의 나날들(1597~1600): 거래 속 안정의 도모

지는 않았던 것으로 짐작된다[1600년 12월 16일 일기].

통천, 안변, 고성, 고원 등 영동嶺東 지역에서 어물을 구하고자 했던 것은 반찬이나 제수祭需로 쓰고자 했던 의도도 있겠으나, 연안 지역에서 어물을 구매하여 내륙에서 판매함으로써 그 차익을 실현하고자 한 의도가 있었던 것으로 보인다. 예를 들어 1597년 12월 오희문의 명을 받은 김언신이 안변의 시장에 가서 베[布] 1필을 은어 3동[同]으로 바꾸어 오는데, 오희문은 원래 8, 9동 정도로 바꿀 수 있으리라 기대했다며, 계획이 허사가 되었다고 한탄한다[1597년 12월 22일 일기]. 오희문은 다시금 김언신을 시켜 안변에서 바꾸어 온 은어 가운데 40두름[冬乙音]을 토산의 시장에 가서 쌀로 바꾸어 오게끔 한다[1597년 12월 25일 일기]. 그런데 돌아온 김언신은 은어 40두름 가운데 30뭇[束]을 쌀이 아니라 콩[豆] 11말로 바꾸어 왔다. 은어 3뭇을 콩 1말로 바꾸어 온 격인데, 결과적으로 의도한 대로 되지 않았다며 오희문은 탄식을 터뜨린다[1597년 12월 27일 일기]. 확실치는 않으나 은어 1동[同]을 1,000마리 정도로 환산할 때, 안변에서 사 온 은어는 대략 3,000마리가량이고 그중에 40두름[冬乙音] 즉 은어 800마리가량(1두름을 20마리로 계산)을 토산 시장에 되팔고자 하였으며, 결과적으로 30뭇[束] 즉 은어 300마리(1뭇을 10마리로 계산)를 시장에 팔 수 있었던 것으로 보인다.

오희문이 기대했던 차익이 어느 정도인지는 모르겠으나, 설을 앞둔 12월 무렵은 어물이 귀했기에 연안과 내륙 시장에서 거래되는 어물 가격에 아무리 차이가 있다고 하더라도, 이익 실현은 쉽지 않았던 것으로 보인다. 가령 1598년 12월에도 김언신을 시켜 고성에서 은어를 사 오게 했으나 베[布] 3단에 은어 7, 8동을 기대한 것과 달리 '어물이 몹시도 귀하여[魚物極貴]' 실제로는 2, 3동 정도만 구매할 수 있었으며[1598년 12월 12일 일기], 1599년 12월에도 노奴 덕년을 고원의 시장에 보내어 무명[木]으로 어물을 구하려 했으나 '어물이 너무 귀하여[魚物至貴]' 사지 못했으며[1599년 12월 23일 일기], 1600년 12월에도 덕년을 철원의 시장에 보내어 무명으로 어물을 구하려 했으나, '어물이 몹시도 귀하여[魚物極貴]' 무명으로 바꾼 콩[豆] 2말로 은어 7 뭇가량을 사 왔을 뿐이다[1600년 12월 23일 일기].

그림 18
《행려풍속도병行旅風俗圖屛》, 어물장수[賣鹽婆行], 국립중앙박물관 소장, e뮤지엄에서 전재

대략 50회가량 이루어진 시장 거래의 전반적 양태를 보면, 당시 대표적 교환수단으로 사용된 것은 여러 품질의 무명[木, 麤木, 中木, 正木]과 은銀이다. 특히 은의 경우 지역 시장에서는 교환수단으로 사용되지 않았고 한양 시장에서 집중적으로 거래되었음을 확인할 수 있다. 전란을 통해 유입된 은이 지역의 시장에서는 유통되지 않고 한양을 중심으로 폭넓게 유통되었던 이유는 아마도 교환되는 물자의 규모와 다양성 그리고 일정 이상의 거래 인구가 확보되는 곳이 한양이었기 때문일 것이다.

지역 시장과 마찬가지로 오희문은 한양 시장을 통해서도 시세 차익을 달성하고자 하였으나, 뚜렷할 정도의 큰 이익을 얻지는 못한 것으로 보인다. 그나마 1600년 6월 덕년을 평강의 부석사浮石寺에 보내어 정목正木(품질이 좋은 무명) 5필로 짚신[芒鞋] 485개를 사게 한 다음[1600년 6월 19일 일기], 그것을 가지고 다시 서울로 가서 팔게 하여 무명 10필을 얻은 사례[1600년 6월 27일 일기] 정도를 거론할 수 있다.[47] 무명 5필을 투자하여 무명 10필을 얻었으니 2배의 차익을 낳은 것으로 보이지만, 실제 정목 5필의 가치가 중목中木(중간 품질의 무명) 7필 정도라는 사실과 노奴 덕년이 평강과 서울을 오가는 데 드는 비용을 고려하고, 또 바꾸어 온 무명 10필 가운데 "3필은 썩 좋지가 않다三疋最不好."라고 거론한 것으로 보아 사실상 큰 이익을 남겼다고 보기는 어렵다. 그럼에도 나름 시세 차익이 나쁘지 않다고 생각했는지 오희문은 얼마 뒤 다시금 부석사에 정목 4필을 보내어 짚신을 사고자 하였다(1600년 7월 12, 13일 일기). 그런데 그로부터 열흘가량 뒤 자신이 보낸 무명 4필이 되돌아오는 일이 발생하고, 그에 관해 "전에 짚신을 사려고 보낸 무명 4필을 그 절의 중들이 억수에게 도로 주어 보냈으니, 그 까닭을 모르겠다. 듣기로 짚신을 사려는 상인들이 그 절에 많이 모여 있다고 하니, 필시 값을 헐하게 치려고 해서 그랬을 것이다."[48]라는 기록을 남긴다(1600년 7월 26일 일기). 공급(짚신)은 정해져 있는데 그에 대한 수요가 늘어나니, 그만큼 공급 상품의 가치가 높아지는 원리라 하겠다. 시세 차익을 노린 상인들의 행보가 당시 얼마나 치열했는지를 가늠해 볼 수 있다.

　오희문은 평강에 머무르는 동안 주로 노비에게 심부름을 맡기는 방식으로, 한양을 포함한 인근 여러 지역 시장에서의 거래를 꾸준히 도모했으나, 궂은 날씨라든지 험한 길로 인해 실제 거래가 성사되지 못하는 경우도 적지 않았다. 한편 전란으로 인해 시장에 유통되는 곡식 양이 일정하지 않았으며, 그에 따라 곡식과 거래되는 여타 물품의 수요와 공급 또한 이따금 불안정한 상태가 초래되었는데, 그 와중에 중개상 성격의 상인들이 지역과 지역을 넘나닌 덕분에 지역민이 일상에서 접할 수 있는 거래 채널은 생각 외로 다양했던 것으로 보인다. 아래 인용은 그러한 정황을 보여주는 구체적 사례로서, 당시 사람들이 거래에서 원하는 이익을 얻고자 얼마나 많은 지점을 고려하고 또 고민했을지 어렴풋이 상상해 볼 수 있는 단서라 하겠다.

> 김언신金彦臣이 돌아와서 말하기를, "한양에 가는 길에 연천漣川 땅에 이르렀는데, 눈이 내리고 길이 험하여 소를 몰고 갈 수 없어서 한양에 가지 못하고 돌아왔습니다. 도중에 마침 한양 상인[京商人]을 만나서 가지고 있던 곰 가죽을 중간 품질의 무명 4필을 받고 팔았습니다."라고 했다. 분명 이 정도는 아니었을 텐데 이 또한 공짜로 얻은 물건이고, 비록 노奴 광이에게 팔게 했더라도 분명 제값을 다 받고 주지는 않았을 것이므로 일단 받아 두었다. 다만 가지고 갔던 은어銀魚는 팔지 못하고 도로 가져왔으니, 설을 쇤 뒤에는 값이 떨어져서 팔 수 없을 것이다. 인근 고을 민간에 일찍이 어사御史가 군량으로 바꾸어 간 은어가 다수 풀렸기 때문에 이곳에서도 팔 수 없다. 공연히 버리게 생겼으니 안타깝다.[49]
>
> —1598년 12월 25일 일기

4

물품 매매 및 물자 조달과 노비의 역할

조선시대 양반은 필요한 물품이 있다고 하더라도 거래에 직접 참여하지는 않았다. 신분이 높은 사람이 낮은 사람에게 특정 임무를 부여하면서 그 권한을 공식적으로 위임하는 문서인 배지[牌旨, 牌字]를 사환 노비라든지 겸인傔人(중인 신분으로 양반의 집안일을 돕던 사람)에게 발급함으로써, 그들이 자신을 대신해 거래를 처리하도록 했다. 더욱이 가장家長으로서 양반은 집안일을 총괄 경영하면서 수입 및 지출 전반을 관리하는 입장이었기에, 생활 가운데 생겨나는 여러 사소한 일을 모두 직접 맡아서 처리하기란 쉽지가 않았다. 이뿐만 아니라 일상에서 발생하는 자잘한 일을 처리하기 위해 자신이 직접 나설 경우, 이른바 양반으로서의 위신威信이 떨어진다는 시각도 있었다. 일상에서 흔히 발현되는 욕구나 욕망을 좇는 것이 아니라, 독서와 수양을 통해 높은 수준의 교양을 쌓고 더 나아가 깊은 학문을 추구하는 것이야말로 양반에게 요구되었던 보편적 덕목이었기 때문이다.

한편 그렇다 하더라도 먹고 입고 자는 문제 즉 기본적인 생활을 영위하는 것으로서 의식주의 해결은 그 누구라도 가볍게 여길 사안이 아니었기 때문에, 양반이 쓴 일기에는 그에 관한 여러 고민과 걱정 및 당시의 내밀한 현안이 기록되어 있는 경우가 많다. 오희문 또한 자신을 대신해 그러한 경제 활동을 보조한 노비들을 감독·관리하는 입장에 있었기 때문에, 자신이 소유한 노비들을 관찰하고 응대하는 것이 섬세할 수밖에 없었다. 더욱이 끝나지 않는 전란의 소용돌이 속에서 상전인 양반도 자신을 온전히 보호해 줄 수 없다는 것을 깨달은 노비들이 몰래 도망친다든지 혹은 굶주림과 전염병에 시달리다 참혹한 죽음을 맞이하는 경우가 많았기 때문에, 양반 입장에서는 자신의 일상을 직접 보조할 수하手下로서 노비들을 챙기고 그들과 관계를 잘 유지하는 것이 매우 중요했다.

『쇄미록』의 내용에 근거할 때 오희문의 측근에서 심부름을 하거나 여러 잡다한 일 처리를 맡았던 사환 노비는 대략 25명가량인 것으로 확인된다.[50] 그 가운데서도 하단에 소개할 네 명의 노비, 노奴 막정莫丁, 노奴 덕년德年, 노奴 광이光伊와 비婢 향춘香春은 오희문이 마주한 긴 피란 생활 가운데서 짧지 않은 기간 동안 그의 손과 다리가 되어 준 중요한 인물들이다. 그들은 종종 태업을 일삼기도 하고 오희문의 기대와는 다른 행동을 함으로써 갈등과 소란을 일으키기도 했지만, 도망치고 죽는 노비가 많던 가운데 오희문의 곁에 계속 머물며 나름 조력자 역할을 한 것도 사실이다. 특히 생활에 필요한 물품을 매매하고 일상의 물자를 조달하는 경제 활동에 있어서 그들이 오희문 일가에 기여한 바는 절대로 적지가 않다. 한편으로 그들의 경제 활동을 살펴볼 때 그 역할이 조금씩 다르다는 사실을 알 수 있는데, 이는 양반이 다수의 노비를 거느림에 있어서 각 노비의 타고난 성향과 그에 따른 노동 효율이 최상이 되는 방향으로 그 임무를 부여했을 것이라는 시각의 단서이기도 하다.

막정莫丁,[51] 죽은 뒤에도 보탬이 되다

노奴 막정莫丁은 본래 평양에 살았으며, 태어난 해는 1545년가량인 것으로 추정된다. 14살이 되던 1558년 무렵 오희문 집안에서 사환을 시작해 37년 동안 온갖 집안일과 심부름을 하다가 1595년 12월 15일에 사망했다[1595년 12월 18일 일기]. 『쇄미록』에서 확인되는 약 3년간의 그의 행적은 오희문 집안에서 그가 40여 년 가까이 사환하면서 보낸 삶의 극히 일부라 해야 할 것이다. 한편으로 오희문이 그에게 위임한 여러 경제 행위와 그가 그것을 구체적으로 수행한 맥락을 단서로 삼을 경우, 막정이 오희문 일가에서 어떠한 역할을 했는지 그리고 오희문이 막정을 어떠한 시선으로 바라보았는지를 조금이나마 짚어볼 수 있다.

그는 비슷한 처지에 있던 사환노 덕년德年과 비교할 때, 시장에 가서 물품을 직접 거래하는 일에는 상대적으로 자주 동원되지 않았다. 예를 들어 대흥현大興縣 시장(지금의 충남 예산군 대흥면 대흥초등학교 인근 추정)에 쌀을 가져가서 무명으로 바꾸어 오게 한다든지[1593년 4월 21일 일기], 머무르고 있던 임천군林川郡 시장(지금의 충남 부여군 임천면 임천초등학교 인근 추정)에 가서 쌀을 모시[苧布]로 바꾸어 오게 한다든지[1593년 7월 1일 일기], 마찬가지로 임천군 시장에 가서 무명이나 쌀을 명주[紬]로 바꾸어 오게 한다든지[1594년 7월 18일, 10월 3일 일기] 등의 일 정도가 오희문이 그에게 맡긴 시장 심부름의 대부분이다. 이는 아마도 막정이 거래에 딱히 소질이 없었기 때문이 아닐까 싶은데, 정확한 이유는 알기가 어렵다. 관련해서 막정이 대흥현 시장에 가서 물품을 거래해 온 결과가 마음에 들지 않았던 오희문은 "일러준 대로 하지 않은 것이 많고 사 온 것도 많이 부실하니, 스스로 훔치지 않았다고는 하나 생각건대 사기를 당한 것이 틀림없다. 너무나 괘씸하다."[52]라는 말을 일기에 쓰기도 했다[1593년

그림 19
김윤보, 풍속화, 〈소작료 운반〉, 민속아카이브(https://www.nfm.go.kr/paju)에서 전재

4월 21일 일기]. 짐작해 보건대 오희문은 노 막정이 상거래에 필요한 수완이나 요령이 부족하다고 여겼을 가능성이 크다.

이러한 이유 때문인지 집안에 급히 가용해야 할 인력이 없어 부득이하게 막정을 부릴 수밖에 없는 경우가 아니라면, 시장에 가서 물품을 사거나 파는 일을 굳이 막정에게 맡기지는 않았던 것으로 보인다. 대신 막정은 오희문 집안에서 오랜 기간 사환을 해온 덕분에 기본적인 신뢰 관계가 형성되어 있었던 것으로 보이며, 이를 바탕으로 신뢰가 전제되어야 하는 심부름에 상대적으로 많이 동원되었던 것으로 보인다. 예를 들어 타지역(장흥)에 거주하는 납공 노비들로부터 신공을 받아 오는 일을 맡긴다든지[1594년 1월 27일, 2월 1일 일기], 자식(넷째아들 오윤성)의 혼인을 주선하기 위한 탐문을 맡긴다든지[1593년 윤 11월 18일 일기], 몸이 아픈 상태에서 급히 약을 구해오게끔 한다든지[1594년 11월 26일 일기] 등의 사례가 그에 해당한다. 타지역에 거주하는 노비들을 찾아가 신공을 온전히 받아 오는 일도, 자식의 혼사를 도모하기 위한 정보를 신속히 확보해 오는 일도, 질병에서 벗어나기 위한 약을 급히 구해오는 일도. 그 모두가 신뢰할 만한 사람이어야 맡길 수 있는 일인 것이다.

안타깝게도 막정은 1595년 12월 15일 51살의 나이로 갑작스럽게 세상을 떠난다. 그해 8월 그의 처 분개粉介가 오희문의 또 다른 노

송이未伊와 봄부터 간통을 해왔다는 사실을 알게 되었고, 더 나아가 분개가 이미 자신에게서 마음이 떠났다는 사실까지 알게 되는데[1595년 8월 7일 일기], 이 때문에 마음고생을 심하게 했던 것으로 보인다[1595년 8월 9일, 8월 11일 일기]. 그럼에도 불구하고 자신의 처 분개를 원망하기보다 어떻게든 그녀와 함께 살려고 했던 것으로 보인다[1595년 8월 15일 일기]. 그런 노력과 별개로 9월 초 결국 분개가 송이와 함께 도망을 치는 상황이 벌어지고[1595년 9월 3일 일기], 이후로 막정은 처를 잃은 마음고생이 심했는지 곡기를 끊고 방 안에 누워 병을 앓다가 약 3개월 만에 죽음을 맞이한다.

순애보라 해야 할지 어리석다 해야 할지 모르겠지만, 오희문은 막정이 죽기 전 "필시 오래지 않아 죽을 것이라서 매우 불쌍하다."[53]라는 말을 하기도 했으며[1595년 12월 12일 일기], 막정이 죽었다는 소식을 듣고서는 "애통하기 그지없다."[54]라고 말하기도 한다[1595년 12월 16일 일기]. 오희문은 추운 날씨로 인해 "장사를 지내지 못할까 걱정스럽다."[55]라고 말하며[1595년 12월 17일 일기], 피란 중이라 여력이 없음에도 불구하고, 품질이 좋은 무명 반 필과 거친 쌀 3말로 관을 사고 또 벼 2말로 관에 쓸 못을 산 뒤, 사람을 불러서 늦지 않게 막정의 장례를 치러준다.

흥미로운 점은, 죽은 뒤에도 막정이 오희문 일가에 보탬이 되었다는 사실이다. 자식이 없는 노비가 죽을 경우 그 노비의 재산은 해당 노비의 주인 즉, 상전인 양반이 갖게 되는데, 막정은 평양에 얼마간의 논과 밭을 소유하고 있었다. 오희문이 평강으로 이사한 뒤인 1598년 사위 신응구가 때마침 평양에 갈 일이 있어 그곳에 있던 막정의 전답을 막정의 가족에게 팔고, 무명 20필, 검푸른 무명 2필, 철릭[天益] 1벌, 큰 암소 1마리를 얻는다[1599년 4월 1일 일기]. 이듬해 12월 오희문은 막정의 제사를 지냈다[1600년 12월 15일 일기].

> 죽은 노 막정이 세상을 떠난 날이다. 밥을 차려 제사를 지냈으니, 살아생전 우리 집안에 노고가 있었기 때문이다.[56]
> 　　　　　　　　　　　　　－1600년 12월 15일 일기

양반이 죽은 노비의 제사를 지내는 것은 좀처럼 보기 어려운 풍경에 해당한다. 이미 죽고 난 뒤이긴 하지만 오희문이 마음속으로 막정을 어떻게 생각했는지 조금은 짐작해 볼만한 단서라 하겠다.

덕년德年, 먼 거리의 시장을 오가다

노奴 덕년德年은 오희문 집안의 늙은 비婢 옥춘玉春의 아들인데, 아버지의 이름은 덕수德守였던 것으로 보인다. 오희문이 덕수의 제사를 지낸 기록이 있는데[1596년 8월 15일 일기], 아마도 덕수는 살아생전 오희문 집안에 나름의 공이 있던 노비로 짐작된다. 덕년은 황해도 해주의 처가에 머무르던 오희문의 셋째 아들 오윤함과 함께 있다가 사람을 속이고 물건을 빼돌리는 일이 많아짐에 따라 그곳에서 더 발붙이고 살 수가 없어서, 1595년 봄 오희문의 곁에 머무르던 그의 어머니 옥춘을 찾아 임천으로 내려온 것으로 확인된다[1594년 6월 1일, 1595년 1월 18일, 1595년 2월 2일 일기]. 핏줄로서 어머니를 찾아오기는 했으나 타고난 성정이 거칠어 옥춘과 다툰 일화도 발견되는데[1594년 4월 16일 일기], 그럼에도 불구하고 휘하에 두고 딱히 심부름을 맡길 만한 노비가 없던 오희문 입장에서는 덕년이 유일한 가용 인력이었기에, 그 부담을 늘 지고 있었던 것으로 여겨진다. 휴가를 떠난 덕년이 혹여 죽기라도 하면 일을 시킬 사람이 없다고 걱정한다거나[1595년 12월 12일 일기], 집안에 부릴 수 있는 유일한 사람으로 덕년을 강조한다거나[1597년 8월 29일, 1599년 3월 5일 일기], 심부름을 제대로 수행하지 않아서 매질을 하여 징계하고 싶지만 혹여 다쳐 부릴 수 없게 될까 봐 참고 용서한 일[1600년 10월 9일 일기] 등의 정황이 그에 관한 단서다.

오희문은 상대적으로 여러 노비 가운데서 덕년에게 가장 많은 물품 거래(시장거래 포함)를 맡겼다. 거래해 온 결과가 마음에 들지 않아서 '괘씸하다[可憎]'는 이야기를 자주 내뱉으면서도 덕년 외에 현장에서 부릴 수 있는 노가 거의 없었기 때문에, 어쩔 수 없이 거래를 그에게 일임할 수밖에 없었던 것으로 짐작된다. 예를 들어 임천에 살 무렵에는 결성 전장에서 수확한 곡식을 소금으로 바꾸어 오게 한 일[1596년 4월 16일, 4월 25일 일기], 함열 웅포(지금의 익산시 웅포면 웅포리)로 가서 곶감을 미역으로 바꾸어 오게 한 일[1596년 5월 16일, 5월 20일 일기], 영동과 황간黃澗(지금의 영동군 황간면)에 사는 사촌들에게 가서 목화를 사 오게끔 한 일[1596년 윤 8월 16일, 9월 2일 일기], 남포(지금의 보령시 남포면)에 가서 소금을 사 오게 한 일[1596년 11월 16일, 11월 20일 일기], 한산(지금의 서천군 한산면)의 시장에 가서 쌀을 패랭이[皮郞笠]로 바꾸어 오게 한 일[1596년 12월 16일 일기] 등이 대표적이다.

평강으로 거주지를 옮긴 뒤에는, 한양에 가서 소를 팔아 말을 사 오게끔 한 일[1598년 8월 3일, 8월 20일 일기], 온양(지금의 아산시 온양1~6동 일원) 시장에 가서 쌀을 목화로 바꾸어 오게 한 일[1598년 9월 19일, 9월 20일, 10월 16일 일기], 통천에 가서 품질이 좋은 무명[正木]으로 어물을 사 오게 한 일[1598년 11월 15일, 11월 29일 일기], 함흥에 가서 꿀을 베[布]로 바꾸어 오게 한 일[1599년 10월 17일, 11월 26일 일기], 통천에 가서 무명[木]을 어물로 바꾸어 오게 한 일[1600년 3월 8일, 3월 17일 일기], 철원 시장에 가서 소금과 고등어 또는 쌀과 어물 등을 사 오게 한 일[1600년 5월 10일, 1600년 11월 10일, 1600년 12월 20일 일기], 안협에 사는 백정의 집에 무명을 가지고 가서 버들가지로 만든 상자[柳器]로 바꾸어 오게 한 일[1600년 8월 3일 일기], 철원 북면에 보내어 꿀을 사 오게 한 일[1600년 10월 11일, 10월 17일 일기], 연안으로 가서 소금을 사 오게 한 일[1600년 12월 3일, 12월 16일 일기] 등을 거론할 수 있다.

덕년은 시장 거래 외에도 오희문이 지시한 여러 형태의 심부름을 했다. 그 가운데는 거주 권역 바깥, 즉 외지로 나가 특정 물품을 구해오는 일들이 제법 많았다. 시장 거래뿐 아니라 그 외 물품을 확보하는 중요한 심부름도 덕년에게 맡긴 것을 보면, 그를 향해 종종 '괘씸하다'라고 기록한 일기 내용의 표면적 양상과 달리 실제 덕년에 대한 오희문의 신뢰는 상당히 두터웠을 것이라 짐작된다. 가령 임천에 살 무렵 진위振威에 있던 아들 오윤해의 집에 추석 제수 심부름을 다녀오게 한 일[1595년 8월 6일, 8월 14일 일기], 용안(지금의 익산시 용안면) 관아로 가서 그곳의 현감으로부터 제수를 얻어 오게끔 한 일[1595년 10월 3일, 10월 4일 일기] 그리고 한산(지금의 서천군 한산면) 관

그림 20
신윤복 등 필, 《산수인물풍속영모화첩》, 국립중앙박물관 소장, e뮤지엄에서 전재

아로 가서 그곳의 군수로부터 여러 종류의 음식을 얻어 오게끔 한 일[1596년 7월 21일 일기] 등이 그에 해당한다. 평강에 머물렀을 때는, 강원도 이천伊川으로 가서 그곳의 현감을 통해 표범 가죽을 거래하게끔 한 일[1598년 2월 25일 일기]이라든지, 인천 부평으로 가서 사돈댁(오윤성의 처가) 종으로부터 암소와 송아지를 끌고 오게끔 한 일[1600년 2월 23일, 2월 27일 일기] 등이 그 대표적 사례라 하겠다.

  오희문은 생활 속 거래의 많은 부분을 덕년에게 위임하였으나 결과가 늘 만족스러운 것만은 아니었다. 오희문은 덕년에게 거래를 맡기는 한편 늘 의심의 눈초리로 그 거래 양상을 관찰한 것으로 보인다. 게으름을 피우지는 않는지, 물품을 중간에서 빼돌리지는 않는지 거래를 통해 얻은 이익을 숨기지는 않는지. 거래 과정에서 부정적 징후의 가능성이 늘 있었기 때문이다. 예를 들어 덕년에게 여러 물자를 맡기며 어물을 사 오라고 시키면서도 필경 계획대로 될 리가 없는데 그냥 집에 두기가 그래서 일단 거래를 맡겨본 것이라고 이야기를 한다든지[1599년 12월 1일 일기], 거래를 위해 전달받은 닭 1마리가 없어졌다고 덕년이 말을 하자, 자기 마음대로 닭을 써놓고 없어졌다 거짓말을 하는 것이라고 이야기를 한다든지[1600년 1월 21일 일기], 처음 자신에게 언급했던 구매품의 시가보다 낮은 가격에 거래를 해와서 이익은 거의 남지 않고 시간과 비용만 허비했다는 한탄을 한다든지[1599년 11월 16일, 1600년 2월 14일 일기]. 이러한 여러 정황은 덕년의 거래가 못마땅한 경우가 적지 않았음에도 불구하고 어쩔 수 없이 그 결과를 받아들일 수밖에 없는 오희문의 복잡한 심리를 담고 있다. 사환 노비로서 덕년은 오희문의 경제생활에 없어서는 안 되는 역할을 하고 있었던 것이다.

한편으로 노 덕년은 전란이 끝나지 않은 상황에서 거래를 위해 전국을 떠돌아다니다 소식이 끊겨 오희문을 애태우게 만들기도 한다. 왜적의 칼에 목숨을 잃는다든지, 명나라 군사들의 횡포에 가진 것을 빼앗기고 다치는 일들이 실제 있었기 때문이다. 아래 인용을 통해서도 짐작할 수 있겠으나, 장기간 소식이 끊겨 그 생사 여부조차 모르던 터에 거래에 소용된 물건은 모두 잃었지만 끝내 살아 돌아온 덕년을 마주하고 안도의 한숨을 내쉬는 오희문의 모습은, 당시 전쟁이라는 특수한 사건이 시장[場市]을 매개한 거래 활동을 얼마나 위축시켰을지 짐작해 보게끔 하는 단서라 하겠다.

> 덕년은 맞바꾼 물건을 모두 잃었고, 심지어 말도 양지[陽智]의 농가에서 죽었다고 한다. 매우 애통하다 이야기한들 어찌하겠는가. 죽었으리라고 생각했는데 죽지 않고 살아서 돌아왔으니, 한편으로는 다행이다.[57]
> —1597년 11월 26일 일기

광이光伊,[58] 서울에서 물자를 조달하다

노奴 광이光伊는 『쇄미록』에서 이른바 '경노京奴'로 호칭된다. '서울의 노'라는 뜻인데, 아마도 그가 한양에 거주했기 때문에 그렇게 부른 것으로 짐작된다. 한양에 거주한 광이는 한양 시장을 중심으로 오희문의 거래를 돕거나, 오희문 또는 그 가족이 한양을 방문했을 때 잠잘 곳을 제공한다거나 여러모로 한양을 근거지로 한 물자 조달 또는 편의 제공 역할에 충실했던 노로 확인된다. 비단 광이 뿐만 아니라 그의 형인 응이應伊 그리고 처 덕실德實과 아들 덕이德己도 오희문 일가의 생활과 관련해 종종 언급되는데[1595년 8월 4일, 1599년 11월 21일, 1600년 5월 22일, 8월 21일, 10월 23일 일기], 이러한 양상은 광이가 개인으로서 오희문 일가의 경제 활동을 보조한 맥락보다도 그의 가족 전체가 오희문 일가와 경제생활을 공유한 맥락이 상대적으로 더욱 뚜렷했던 것이 아닌가 하는 짐작을 낳게 만든다.

광이는 오희문의 노奴로서 수행한 거래 행위뿐만 아니라 독립적인 경제 활동을 도모했던 것으로 보이는데, 적지 않은 부를 축적했던 것으로 보인다. 물품을 거래하기 위해 강화도를 자주 오간 기록이 있고[1599년 11월 21일, 1600년 2월 20일, 2월 26일, 3월 18일, 1601년 1월 11일, 2월 8일 일기], 집에서 세를 주고 있었던 것으로 보이며[1600년 8월 20일 일기, 거기다 스스로가 노奴의 신분이었음에도 자신의 경제 활동을 보조할 수 있는 노비들을 데리고 있었던 정황 또한 확인된다[1600년 5월 22일, 10월 9일 일기]. 아마도 일상에서 여러 형태의 경제 활동을 영위하며, 적지 않은 크기의 집을 소유하고 있었고, 또 자신의 일을 보조하는 수하들을 데리고 있었던 것으로 추측해 볼 수 있겠다.

광이는 거래에 있어서 그 수완이 매우 좋았던 것으로 보인다. 가령 오희문이 자신의 노비들에게 거래를 맡긴 정황을 살펴보면, 여타 노비와 비교할 때 광이는 상대적으로 그 신뢰가 무척 두터웠던 것으로 확인된다. "신뢰할 만한 사람이 없어서 보내지 않던 물품을 이제야 노 광이에게 보내 팔게 했다."[59]라든지, "노 광이가 없어서 시장 보는 일을 믿고 맡길 사람이 없다."[60]와 같은 표현이 그 근거라 하겠다[1598년 6월 13일, 1600년 8월 21일, 8월 25일 일기]. 게다가 한양은 전국의 모든 물품이 모여들어 거래되는 곳이기 때문에, 취급되는 품목의 다양함이나 규모에 있어서 오희문이 피란 중 머물렀던 임천이나 평강 일대와는 비교가 되지 않는 교환 인프라를 갖추고 있었다. 지역에서 팔리지 않거나 팔기 어려운 물품을 한양에 있는 광이에게 보내어 거래를 주선하게 한 것은, 어찌 보면 오희문의 입장에서 당연한 일이었을지도 모른다.

그림 21
〈태평성시도〉에 묘사된 시장의 모습, 국립중앙박물관 소장, e뮤지엄에서 전재

4. 물품 매매 및 물자 조달과 노비의 역할

오희문이 광이에게 거래를 맡긴 상황을 살펴보면, 대부분 평강에 머무를 무렵이다. 임천에 살 때는 상대적으로 물자가 부족해 한양에서 거래를 도모할 정도의 형편이 되지 않았기 때문에 광이를 매개한 거래가 그만큼 적었던 것이라 추측해 볼 수 있다. 평강으로 거주지를 옮긴 뒤에는 집안에서 이루어지는 생산 활동이 증가하고 외부로부터 유입되는 선물이라든지 거래를 통해 확보한 차익이 생겨남으로써, 한양의 시장을 매개한 교환 활동을 더욱 적극적으로 고려한 것으로 보인다. 예를 들어 표범 가죽 2벌을 보내 팔도록 한 일[1598년 6월 13일 일기], 메주를 보내 초립草笠을 사게 한 일[1598년 6월 24일, 7월 10일 일기], 곰 가죽과 수달 가죽을 보내 팔려고 한 일[1598년 12월 20일, 12월 25일 일기], 머리빗을 사 보내라고 한 일[1599년 6월 1일 일기], 베[布]를 무명[木]으로 바꾸게 한 일[1600년 3월 24일 일기], 품질이 좋은 무명[正木]을 명주[紬]로 바꾸어 보내도록 한 일[1600년 10월 24일 일기] 등이 그에 해당한다. 관련해서 표범, 곰, 수달의 가죽은 평강 인근에서 제값을 받고 거래하기 어려워 서울 시장에서 처분하려고 했던 것으로 보인다. 머리빗은 아마도 평강과 같은 작은 군현에서는 좋은 품질의 것을 구하기가 어려웠기에 광이를 통해 서울 시장에서 사려고 했던 것으로 짐작되는데, 결과적으로 광이가 사 보낸 중국산 나무빗[唐梳]은, 그 크기 때문인지 오희문의 마음에 썩 들지는 않았던 눈치다.

한양에서 이루어진 직접적인 물품 거래 외에도 광이는 여러모로 오희문 일가에 유용한 보조 역할을 한 것으로 보인다. 오희문은 떨어져 지내던 어머니와 흩어져 살던 자식들을 포함해 가까운 가족 사이에 편지를 주고받는 매개로 광이를 적극적으로 활용했다1596년 윤 8월 9일, 1597년 6월 3일, 1598년 8월 3일, 1599년 8월 27일, 10월 20일, 12월 12일, 1600년 5월 23, 24일, 9월 4일, 9월 21일, 10월 2일, 12월 1일 일기. 아래 인용은 그 가운데 한 예시다.

> 노 광이의 집안사람들이 오늘 떠나기에 어머니께 편지를 써서 보내고 약과 한 바구니도 보냈다. 지난달 기제사 때 쓰고 남은 것을 보관해 두었는데, 오랫동안 한양에 가는 사람이 없다가 이제야 보내는 것이다. 결성, 보은, 연안, 해주에 있는 네 자식에게도 편지를 써서 부치고, 노 광이에게 인편이 있는 대로 전하도록 했다.[61]
>
> —1600년 5월 23, 24일 일기

거래에 필요하거나 거래를 통해 확보한 중요한 물자를 광이의 집에 맡겨 두는 방식, 즉 보관처로서 광이를 활용한 정황 또한 뚜렷하다. 예를 들어, 노 덕년이 한양에서 구매한 쌀을 일단 광이의 집에 맡겨 두고 후속 거래를 위한 자원으로 삼으려고 한 일[1599년 1월 5일 일기], 호랑이 가죽을 광이의 집에 보관해 두었다가 무명으로 바꾼 일[1599년 3월 11일 일기], 노 덕년이 거래하고 남은 은자銀子를 광이의 집에 맡겨 둔 일[1600년 6월 27일 일기] 등이 그에 해당한다.

이처럼 오희문이 한양 시장에서 거래를 도모한 정황이라든지 한양을 매개하여 타지의 가족들과 소식을 주고받은 정황을 살펴보면, 소위 '경노京奴'로서 한양에 머무르며 광이가 수행한 역할과 효용은 여타 노비와 비교할 때 상대적으로 더욱 분명하지 않았을까 싶다. 한편 물품을 거래하는 데 있어서 오희문이 광이의 안목과 경험을 기본적으로 신뢰했던 것은 사실이지만, 종종 광이가 거래한 결과가 만족스럽지 않을 때는 오희문도 혀를 차며 탄식을 할 때가 있었다. 그런 경우 안타깝지만 분통을 터뜨리는 것 외에 오희문이 할 수 있는 일은 없었다. 거래에 직접 나서서 원하는 물품을 이리저리 따져 보지 못하고, 거래를 맡긴 노비가 오로지 좋은 결과를 가지고 오기만을 기대할 수밖에 없었던 양반의 어쩔 수 없는 처지 정도로 이해할 수 있을 것이다.

또 듣기로, 지난해 장醬을 담갔던 독瓮 하나는 들이가 15말로 보통의 동이盆가 아닌데도 노 광이가 내 말을 더 이상

듣지 않고 얼른 제 맘대로 팔아서 겨우 은자銀子 1냥 4돈錢을 받았다고 한다. 무명[木]으로 따져 보면 4, 5필에 불과하다. 생각할수록 화가 치밀어 오른다. 갓[笠子]을 산 값은 은자 4돈, 중간 등급의 무명[中木] 2필이다. 쓰고 있는 해진 갓[破笠]은 은 3돈으로 계산해서 주었으니 모두 계산하면 은자 1냥 1돈인데, 지금 온 갓은 마음에 들지 않는다. 노 광이가 하는 짓이 매번 이런 식이다. 정말 분통이 터진다.[62]

-1600년 2월 14일 일기

4. 물품 매매 및 물자 조달과 노비의 역할

향춘香春, 집안 살림에 심부름도 맡다

비婢 향춘香春은 노奴 덕년德年의 여동생이자 비 옥춘玉春의 딸이다. "유일한 비 향춘이 혼자서 온갖 일을 도맡아 하느라 몹시 괴로워했는데"[63]라는 표현[1593년 1월 13일 일기]을 근거로 삼을 경우, 왜란이 발발한 직후 향춘은 오희문이 부리던 유일한 여종이었던 것으로 보인다. 집안일뿐만 아니라 바깥심부름을 함께 담당했던 노奴와 비교할 때 상대적으로 비婢의 경우 주로 집안 살림을 중심으로 그 역할을 부여받았는데, 향춘은 밥을 짓거나 빨래를 도맡아 하거나 그 외에 여러 잡다한 집안일을 수행하면서도, 외부의 심부름 또한 자주 했던 것으로 확인된다. 전란의 와중에 사환 인력이 모자랐던 오희문의 입장에서는 어쩔 수 없이 향춘을 심부름에 동원할 수밖에 없었을 것으로 짐작된다.

오희문이 향춘에게 맡긴 심부름을 살펴보면, 시장에 나가 물품을 사거나 팔아 오는 일보다도 어딘가에 가서 곡식이나 식량을 얻어 오는 일이 대체로 많았다. 임천에 머물러 있을 시기를 예로 들자면, 동서인 참봉 임면任免의 집에 보내어 먹거리를 얻어 오도록 한 일[1593년 10월 16일, 10월 20일 일기], 관아에 들어가 군수로부터 쌀과 반찬 및 얼음과 약 등을 얻어 오게끔 한 일[1593년 10월 18일, 10월 24일, 11월 20

그림 22
김홍도, 《단원풍속도첩》, 〈우물가〉,
국립중앙박물관 소장, e뮤지엄에서 전재

일, 1594년 4월 12일, 1595년 6월 15일, 9월 13일, 9월 27일, 9월 28일, 12월 21일, 1596년 9월 25일 일기], 조희보에게 보내어 쌀을 얻어 온 일[1594년 4월 13일 일기], 좌수 조희윤에게 보내어 보리를 빌리려고 한 일[1594년 5월 24일 일기] 등을 거론할 수 있겠다. 해당 내용 가운데서도 다수를 차지하는 심부름이 관아에 들어가 군수 내외에게 먹거리를 요청한 일인 것으로 확인되는데, 관련해서 군수에게 단자를 올린다든지 청탁 성격의 편지를 전달하는 심부름을 함께 수행한 흔적[1595년 6월 14일, 12월 23일, 12월 29일 일기]이 확인된다.

임천에 있는 동안 오희문이 향춘에게 맡긴 거래 가운데 눈에 띄는 것이 하나 있으니, 바로 시장에 나가 술을 팔아 쌀로 바꾸어 오도록 한 일이다. 기록에 따르면 1593년 10월, 11월, 윤 11월 세 번에 걸쳐 향춘은 오희문의 명을 받고 술을 팔기 위해 시장에 나갔던 것으로 보인다. 안타깝게도 그중에 두 번은 결과적으로 실패한 거래가 되었는데, 그 구체적 정황이 재미있다. 아래는 향춘이 세 번에 걸쳐 수행한 술 판매 심부름에 관한 기록이다.

> 전에 빚어 놓은 술 4되는 오늘 비 향춘에게 시장에 가지고 가서 쌀로 바꾸어 오도록 했으니, 내일 양식으로 쓰려는 것이다. 이처럼 눈보라가 심한데 입에 풀칠하기 급급하여 술을 앞에 두고 한 잔도 마시지 못하니 매우 한탄스럽다.[64]
> —1593년 10월 21일 일기

> 어제 비 향춘이 시장에 나가 술을 팔아서 산 쌀을 자루[榜]에 가득 넣었다가 잃어버리고 빈손으로 돌아왔다. 무척이나 우스운 일이다. 한 푼이라도 이문을 남겨서 부족함을 채워보려 했는데 도리어 본전까지 다 잃었으니, 생각할수록 안타깝다.[65]
> —1593년 11월 22일 일기

어제 장에 술을 파는 일로 비 향춘과 정鄭 사과司果 댁 비 묵개墨介가 함께 술 8병을 머리에 이고 갔는데, 도중에 묵개가 발을 헛디뎌 넘어지는 바람에 술이 가득 담긴 병缸을 떨어뜨려 깨뜨리고 빈손으로 돌아왔다. 우습다. 병은 이웃집 물건이라 하는 수 없이 사다 갚았다.[66]

-1593년 윤 11월 12일 일기

오희문이 임천에 머무르던 시기 향춘에게 심부름을 맡긴 경우는 적지 않지만, 평강으로 이사를 간 이후로는 향춘에게 심부름을 맡긴 경우가 거의 확인되지 않는다. 아마도 평강에서의 생활 여건이 임천에서의 여건보다 여러 가지로 더 나아진 덕분이라 추측해 볼 수 있을 것이다. 그러나 그러한 생활 환경의 변화와 별개로 향춘은 늘 오희문 집안의 살림을 거의 도맡다시피 했고 또 일할 사람이 없어 한동안 바깥심부름까지 하였으니, 건강이 성치 않았을 가능성이 크다. 아니나 다를까 임천에 머무르던 1593년, 1595년을 포함해 평강에 머무르던 1597년, 1598년, 1599년까지 향춘은 주기적으로 병을 앓았던 것으로 확인된다. 집안일을 도맡아 하는 거의 유일한 여종이었기 때문인지 오희문은 향춘이 아플 때마다 진심으로 걱정하며 그녀의 회복을 도왔던 것으로 보인다. 1593년 가을 향춘이 앓아

누웠을 때 이웃집 온돌방을 빌려 옮기도록 해 따뜻하게 거처하도록 한 일[1593년 10월 26일, 10월 27일, 10월 28일, 10월 29일, 10월 30일 일기]이 대표적 사례다.

향춘이 앓아누웠던 일 가운데서도 1598년 7월 무렵부터 부스럼으로 인해 크게 고생했던 일이, 오희문 입장에서는 옆에서 지켜보기가 가장 힘들었던 사건이 아닐까 싶다. 평강에 머무르던 1598년 7월 향춘의 목에 부스럼이 났는데 한 달가량 차도가 없어서 오희문은 알고 지내던 이은신을 통해 침으로 터뜨려 고름을 빼내기도 하였으나, 그 이후로 오히려 부스럼이 더욱 심해졌던 것으로 보인다[1598년 8월 7일, 8월 10일, 8월 16일, 8월 17일 일기]. 향춘의 증세가 위중하다고 여긴 오희문은 광주 토당 선영(지금의 서울시 강남구 역삼동) 아래에 사는 문억文億이라는 자가 부스럼을 잘 고친다 하여 향춘의 오빠인 덕년에게 시켜서 향춘을 그곳으로 데리고 가서 치료하게끔 했는데, 치료비로 꿀 2되와 무명[木] 1단을 지불한 것으로 확인된다[1598년 8월 22일, 9월 9일 일기]. 이후 오희문은 약값을 추가로 지불하며 치료를 도왔음에도 향춘의 부스럼 증세는 차도가 없었을 뿐만 아니라 크기가 달걀만 한 부스럼이 다른 부위에 또 생겨나, 그 증세가 더욱 위중해졌던 것으로 보인다[1598년 10월 16일, 11월 11일, 1599년 1월 6일, 4월 5일 일기]. 그즈음 '몹시 걱정스럽다深可憂', '증세가 가볍지 않아 필시 고칠 수 없을 것이다[證勢非輕, 必不救矣]'와 같은 표현을 일기에 반복적으로 쓴 것을 보면, 향춘이 병으로 고생하는 것에 대해 오희문이 얼마나 걱정하고 안타까워했는지를 상상해 볼 수 있다.

 향춘이 아플 때 진심으로 걱정하며 회복을 위한 환경을 만들어 주고 더 나아가 치료할 수 있도록 의원까지 알아봐 주는 모습을 통해, 여타 노비를 향한 것과는 다른 향춘에 대한 오희문의 특별한 애정을 느낄 수 있다. 이는 아마도 오희문의 입장에서 일상생활을 영위하는 가운데 향춘이 살림을 보조하고 또 집안 형편에 기여한 바가 유무형으로 적지 않았기에, 향춘이 갑자기 죽기라도 한다면 그 타격이 적지 않을 것임을 익히 내다보고 있었기 때문이 아닐까 싶다. 한편으로 조금 더 생각해 본다면, 덕수(아버지)·옥춘(어머니)·덕년(아들)·향춘(딸)으로 이어지는 노비 가족 즉, 자신의 생활을 보조해 온 특정 수하手下 그룹을 향한 오희문 특유의 애정과 친밀감이 반영된 정황으로 이해할 여지도 있을 것이다.

5

생활을 위한
가축 거래 및 관리의 양상

삶의 향방이 어디로 튈지 도무지 알 수 없는 전란의 와중에도 오희문은 생존을 해결하기 위해 둔전屯田(관청의 재원을 마련하기 위해 지급된 토지)과 역전驛田(역을 운영하는 데 필요한 비용을 조달하기 위해 지급된 토지) 및 타인의 토지를 활용한 경작을 시도했다.[67] 그는 기본 생계유지 수단으로 토지를 꾸준히 경작했을 뿐만 아니라, 그 외에 경제적 이익을 창출할 수 있는 여러 사업을 도모했다. 양봉養蜂(꿀 농사)과 양잠養蠶(누에 농사)과 양계養鷄(닭 농사)가 그 대표적 사례라 하겠다. 토지 경작을 포함해 여러 형태의 농업을 유지·관리하기 위해서는 농사를 짓는 데 필요한 소를 빌리거나 구매해서 잘 기르는 일과, 이동 및 운송 수단으로 말을 매매하고 잘 관리하는 일에 대해서도 적지 않은 신경을 써야 했다. 거기에 더해 좋은 매를 확보하여 꿩을 사냥하는 일도 생업의 차원에서 중요한 활동 가운데 하나였다. 전란 중이었기 때문에 소, 돼지, 닭과 같은 가축을 안정적 먹거리로 확보하기가 쉽지 않은 상황에서, 꿩은 단백질을 보충할 수 있는 유용한 식용자원이었기 때문이다.

  건강한 소를 좋은 가격에 구매하거나 빌려서 농사에 효율적으로 동원하고 또 아프지 않게끔 잘 보살피는 일, 장거리를 무리 없이 이동할 수 있는 튼튼한 말을 구매하거나 빌려서 교통수단으로 쓰고 잘 관리하는 일, 사냥 기술이 좋은 매를 얻거나 사서 훈련시키고 또 사냥에 내보냄으로써 되도록 많은 숫자의 꿩을 잡는 일, 병아리를 사거나 얻어서 닭으로 잘 키워내는 일, 뽕잎을 따다가 누에를 쳐서 고치를 최대한 얻는 일 등. 오희문은 이러한 다양한 경험을 『쇄미록』에 섬세하게 기록해 두었다. 해당 기록은 불안정한 전란의 소용돌이 속에서 가족의 생계를 유지하고 일상을 안정화하고자 했던 오희문의 간절한 희망과 노력이 그대로 담겨 있는, 그야말로 절박한 르포르타주 reportage라 할 수 있다.

높은 교양과 깊은 학식을 갖추고자 노력한 양반이었기 때문에 생업을 노비에게 맡기고 일상에서는 이른바 '고담준론 高談峻論'만을 일삼았을 것 같지만, 오히려 전란 속에서 자신 포함 슬하의 가족을 잘 보살피고 돌보기 위한 자연스러운 책임감의 발로 發露로서, 오희문은 가축을 동원한 생산 활동에 많은 관심을 갖고 또 그것을 잘하기 위한 고민을 지속하였다. 가축을 거래하고 또 가축을 동원하는 가운데 경제적 이익을 창출하고자 애쓴 오희문의 모습들은 그가 영위한 경제생활의 질 quality과 그 구체적 맥락을 담고 있는 흥미로운 단서라 하겠다.

내가 소를 빌려주면 자네는 무엇을 줄 텐가

　농경사회였던 전근대기에 소는 농사를 짓기 위해 반드시 있어야 하는 가축이었다. 사람의 힘만으로 논밭을 가는 것은 한계가 있었기에, 소의 힘을 빌려 농토를 고르는 일을 할 수밖에 없었기 때문이다. 논이나 밭농사를 짓기 위해서는 소가 선택이 아니라 필수였기에, 겨우내 언 땅이 녹아 그 지면을 고르게 할 수 있는 봄이 되기 전 소를 확보하는 일은 무엇보다 중요했다. '소를 확보'하는 것은 시장에서 소를 사거나 누군가로부터 소를 빌리는 두 가지 방식이 있었는데, 아무래도 춘경기春耕期를 거치면서 논이나 밭을 갈아야 할 시기가 오면 농사를 짓는 모든 집이 소를 동원해 논밭을 갈았기 때문에, 소를 가진 다른 집에 가서 소를 빌려오는 일은 현실적으로 쉽지가 않았다. 오희문은 평강으로 이사를 하기 전 임천에 머무르던 시기 경제적으로 여유롭지 못했기 때문에 논밭을 갈 수 있는 크고 건강한 소를 구매하지는 못했고, 이웃의 소를 빌려와 논과 밭을 간 기록이 1594년, 1595년, 1596년 일기에서 확인된다.

　예를 들어, 오희문은 임천으로 이사하고 맞이한 첫봄인 1594년 3월 소 2마리를 빌렸는데, 노 3명을 동원해 소를 몰고 가래를 잡게 하여 논을 갈고 논두둑을 고르는 일을 했다. 당일 날이 흐리고 바람이 부는데 비까지 내려서 계획한 일을 모두 마치지는 못했다[1594년 3월 16일 일기]. 1595년 여름에도 오희문은 소를 빌려서 머물러 살던 집의 주인 최인복의 밭을 갈고 콩을 심는다. 주인 최인복은 노奴를 동원하고, 오희문은 소를 빌려와서 힘을 합쳐 밭을 갈았다[1595년 5월 20일 일기]. 1596년 봄에는 소를 빌려 봄갈이하는 일이 쉽지 않았던 것으로 보인다. 예컨대 소를 빌려주기로 한 사람이 갑자기 소를 빌려주지 않아 품팔이꾼을 불러 놓고도 일을 하지 못했다는 내용[1596년 3월 12일 일기]이라든지, 어렵게 소를 빌려 왔는데 비가 내려서 일을 중단하고 그 와중에 소 주인이 소를 가져 가버렸다는 내용[1596년 3월 13일 일기]이라든지, 외출을 했다가 내일 있을 논갈이를 위해 비를 무릅쓰고 귀가했지만, 결과적으로 소를 빌리지 못해 일을 하지 못했다는 내용[1596년 3월 17일, 3월 18일 일기] 등을 참고할 수 있다. 흥미로운 사실은, 그 무렵 평소 함께 바둑을 즐겨 두던 이복령李福齡이라는 자와 소를 걸고 내기 바둑을 두었다는 기록도 있는데[1596년 3월 14일 일기], 봄철 소 빌리기가 그만큼 쉽지 않았음을 보여주는 간접적 단서라 하겠다.

　오희문이 임천에 머물 무렵에는 남의 소를 빌리는 처지였지만, 평강으로 이사를 하여 경제적 안정을 찾고 나서는 반대로 소를 빌려주는 입장이 되었다. 1600년 봄 박근朴根이라는 사람이 꿩 1마리

그림 23 ─────
양기훈, 〈밭갈이[牢耕]〉,
국립중앙박물관 소장,
e뮤지엄에서 전재

를 가져와 밭을 갈 소를 빌려 달라고 간청하여 허락한 일화라든지 [1600년 4월 19일 일기], 전귀실全貴實에게 밭갈이 소 2마리를 사흘간 빌려주고 가을에 그 대가의 일부로 반직半稷(기장과 조를 섞어 심고 함께 가꾼 것) 16말을 받은 일화[1600년 4월 18일, 7월 28자 일기] 등이 그 사례라 하겠다. 관련해서 그즈음 수렵에 쓸 매를 관리하던 김업산이 매의 먹이를 요구하여 오희문은 전귀실의 개를 빌려다 주었는데, 그 대가로 추후 전귀실이 밭갈이할 때 소를 빌려주면 된다는 이야기[1600년 7월 4일 일기]를 하기도 한다. 아마도 당시 소를 빌리고 빌려주는 일은 상당한 교환 관념을 매개했던 행위로 짐작되는데, 아래 인용은 그에 관한 구체적 근거라 하겠다.

> 전귀실이 반직半稷 16말을 납입했다. 지난봄에 밭을 간 소
> 값이다. 지난봄에 밭을 갈 때 우리 집 소 2마리로 사흘을 연
> 달아 갔았다. 그때 약속하기를 가을이 되면 두豆 15말, 쌀
> 10말을 납입하기로 했는데, 우리 집이 근래 몹시 곤궁하다
> 고 들었기 때문에 먼저 마련해서 바친 것이다. 반직 1말을
> 찧으면 쌀 4되에 해당하므로, 이것을 상경할 때 양식으로
> 쓰려고 한다.[68]
>
> — 1600년 7월 28일 일기

경제적 여력이 안 되면서 농사를 짓겠다면 어쩔 수 없이 남에게서 소를 빌려야 하겠지만, 경제력을 갖춘 경우라면 소를 구매하여 농사에 활용하는 편이 여러모로 나을 것이다. 오희문 역시 임천에 머무르던 1596년 가을 무렵 소를 구매하려고 시도한 적이 있다. 그러나 당시 베[布]의 시장 가격이 너무 낮아져 소를 살 수가 없다며 불평을 토로한다[1596년 8월 24일 일기]. 이후 1597년 평강으로 이사를 하고 나서는 소를 여러 차례 사고판 것으로 보이는데, 그 가격은 대체로 은 70전을 전후했던 것으로 확인된다[1598년 8월 20일, 1599년 5월 5일, 1600년 8월 21일 일기]. 관련해서 은 4전이 중간 품질의 무명[中木] 1필 정도로 거래되었고[1598년 10월 16일 일기], 갓[笠子]이 은 4전에 중간 품질의

무명 2필로 거래된 기록[1598년 10월 16일 일기]을 보면, 당시 갓 1개는 은 1냥 2전 정도의 가격이었던 것으로 보인다. 그리고 암탉 1마리 가격이 은 3-4전이었음[1600년 2월 15일 일기]을 고려할 때, 16세기 말 당시 소 1마리의 시장 가격은 대략 암탉 20마리 또는 갓 6개의 가치와 비슷한 것으로 추정해 볼 수 있겠다.

소는 여타 가축과 비교할 시 그 값이 적지 않았기 때문에 섣불리 구매할 대상도 아니었을 뿐더러, 비용을 들여 어렵게 구매한다고 하더라도 관리하기가 쉽지 않았다. 인적이 드문 산골에 거주할 경우 표범이나 호랑이가 들이닥치진 않을까 늘 경계해야 했는데, 오희문 또한 깊은 산으로 둘러싸인 평강 정산탄에 살면서 호랑이가 자신의 소를 물어가지는 않을까 노심초사했던 것으로 보인다[1601년 1월 5일 일기]. 한편 맹수의 습격이 아니라 농사일이나 운송 수단으로 활용되며 입은 상처를 치료해야 하는 경우도 있었다. 오희문의 경우 소를 전문적으로 치료하는 우의牛醫를 불러 자신의 소를 치료한 기록이 확인된다.

> 우의牛醫를 불러서 소가 저는 발을 치료했는데, 곰 기름과 송진과 밀랍을 섞어 바르고, 호미자루로 상처 난 곳을 지졌다.[69]
>
> —1599년 4월 20일 일기

기능이나 효용이 낮아진 소의 경우 매매 대상이 되었는데, 소를 판 돈으로는 주로 말을 구매하고자 했던 것으로 보인다. 소만큼이나 일상에서의 효용이 큰 가축이 말이었기 때문이다. 오희문은 1598년 8월과 1599년 5월 그리고 1600년 8월 세 차례에 걸쳐 소를 팔고 그 돈으로 말을 사려고 했다. 그러나 말을 사는 일은 마음처럼 쉽지 않았다. 1598년 8월의 경우 노奴 덕년을 서울에 보내어 늙은 소를 팔아 얻은 은 7냥을 그대로 지불하여 말을 샀는데, 잘 다루면 4~5년은 탈 수 있을 정도로 상태가 썩 괜찮은 말이었던 것으로 보인다[1598년 8월 3일, 8월 20일 일기]. 그러나 1599년 5월과 1600년 8월은 "소를 팔려고 하니 값이 싸고 말을 사려고 하니 값이 비싸서, 소를 팔지도 말을 사지도 못했다."[70]라는 기록[1599년 5월 3일 일기]이라든지 "인아의 늙은 황소를 팔고 은 7냥 3전을 받았다. 이것으로 말을 사려고 하는데, 만약 사지 못하면 무명으로 바꾸어 보관해 두었다가 말값이 떨어질 때를 기다려 살 작정이다."[71]라는 기록[1600년 8월 21일 일기]을 통해 짐작할 수 있듯이, 시장에서 좋은 소를 구하는 것보다 좋은 말을 구하는 것이 더욱 어려웠던 것으로 짐작된다. 아마도 당시는 전쟁이 완전히 끝나지 않았던 시기이기 때문에 수시로 전투나 운송에 동원되는 말이 많았을 것이며, 이 때문에 민간 시장에서 좋은 말을 찾기란 생각만큼 쉽지 않았을 것이다.

구하기도 기르기도 쉽지 않은 것이 말일지니

논밭을 경작하는 데 필요한 가축이 소라면, 장거리 이동이나 물품 운송에 있어서 반드시 소용되는 가축은 말이다. 농사에 활용하기 위한 목적에서 소를 확보하는 것도 중요했지만, 오희문이 피란을 다니던 당시는 왜적의 움직임을 수시로 살피며 거처를 옮겨 다니는 경우가 많았기에, 어느 때든 짐을 싣고 멀리 이동할 수 있는 교통·운송 수단으로서 말의 가치가 상대적으로 더 높지 않았을까 생각된다. 소와는 다른 맥락에서, 생활에 없어서는 안 될 가축으로 기능했던 것이 말이라 하겠다. 가령 집에 소가 없다면 논밭을 갈아야 할 시기에 맞춰 남의 집 소를 잠시 빌려와 쓰고 돌려주는 방식의 대여가 현실적으로 가능했으나, 말은 소처럼 잠깐 필요한 것이 아니라 이동이나 운송해야 할 일이 생길 때마다 늘 활용되었기 때문에, 말을 빌리기란 소를 빌리는 것보다 상대적으로 더 어려웠을 것이다. 건강하고 튼튼한 말을 하나 이상 사서 집에 두는 것이 심리적으로 얼마나 큰 위안을 가져다주었을지 상상해 볼 수 있다.

오희문 역시 거래를 통해 꾸준히 좋은 말을 구하고자 했다. 전북 장수에 머무르다 충남 홍성으로 거처를 옮길 무렵 쌀 5섬 반을 주고 말을 구입하기도 했고[1592년 10월 1일 일기], 그로부터 얼마 뒤 대흥현大興縣 시장(지금의 충남 예산군 대흥면 대흥초등학교 인근 추정)에 가서 둘째 아들 오윤해의 말을 팔려고 했으나 가격이 너무 싸서 팔지 못하기도 했으며[1592년 12월 1일 일기], 이듬해에는 암말을 팔고 무명 8필을 받았다는 기록[1593년 3월 일기]도 확인된다. 1594년 영암 구림에 거처하던 어머니를 뵈러 갔을 때는 타고 간 말이 상태가 좋지 않아, 그 말에 벼 13말, 콩 1말, 쌀 6되, 무명 1필을 더 주고 머무르던 집 주인의 말과 바꾸기도 했다[1594년 1월 25일 일기]. 당해 여름에는 셋째 아들 오윤함이, 노복 만복萬卜이 죽은 뒤 그가 생전에 소유했던 전답을 팔아 구매해 두었던 암소 1마리를 무명 2필을 더 보태어 말로 바꾸어 보내기도 했다[1594년 6월 2일 일기]. 1595년 가을에는 5월부터 다리를 절어 탈 수도 없고 짐을 실을 수도 없게 된 말을 백인화白仁化라는 사람이 사기를 원하여 쌀正米 50말로 가격을 정하고 그에게 말을 내어주는데[1595년 8월 22일 일기], 이후 백인화가 쌀 38말을 준비해 와서 바치고[1595년 10월 29일 일기], 남은 쌀 12말에 대해서는 이듬해 초 쌀 9말과 팥 1말 4되로 바쳤다는 기록[1596년 2월 19일 일기]이 확인된다.

꾸준히 말을 거래한 정황과 별개로 좋은 말을 구매하기란 쉽지 않았던 것으로 짐작된다. "무명 16필도 (한양에) 가지고 가는데, 역시 말을 살 생각이다."[72][1599년 윤 4월 28일 일기], "갯지가 좋은 말을 사가지고 한양에 갔다가 돌아왔는데 (중략) 당초에 살 때 크고 작은 소 3마리를 주었는데, 한 달도 지나기 전에 죽었다고 한다."[73][1599년 6월 14일 일기], "노 광이가 암말을 사서 보냈는데 걸음이 더디고 둔할 뿐만 아니라 허리 밑으로 병이 들어 산에 오르고 내릴 때 허리가 끌려서 가므로 짐을 싣지 못한다고 한다. 이처럼 병든 말을 왜 사서 보낸단 말인가. 필시 값이 쌌기 때문일 것이다. 은 4냥 3돈 반을 주었는데 (중략) 말값이 너무 비싸서, 비록 병든 말이라도 이와 같다고 한다. 무명으로 계산하면 13필이다."[74][1599년 6월 16일 일기], "윤겸이 노 덕년 등을 데리고 저물녘에 왔다 (중략) 인아의 말을 사 왔는데, 은자 5냥 8돈을 주었다고 한다."[75][1600년 11월 8, 9일 일기] 등의 여러 기록을 종합적으로 살펴보면, 왜란이 완전히 끝나지 않은 16세기 말 조선에서 괜찮은 말을 사기 위해서는 최소 무명 16-20필, 은으로는 70-80전, 소의 경우 1마리 이상의 값을 지불해야 했던 것으로 보인다.

> 아침에 도성으로 들어가다가 명나라 군사를 만났는데, 내 말을 빼앗아 타고 가 버렸다. 노 덕년이 뒤따라가서 찾아왔다. (중략) 내 말을 팔려고 했지만 요즘 말값이 도로 싸져서 팔 수가 없다. 안타깝다. 추석을 지낸 뒤 다시 며칠 머물면

서 팔아 볼 계획이다.[76]

―1599년 8월 13일 일기

한편으로 말값이 늘 비싼 가격을 유지하지는 않았던 것으로 여겨진다. 상단의 인용은 그러한 정황을 생각해 볼 수 있는 단서라 하겠는데, 시장 가격의 변동성이 큰 탓에 시장에서 제값을 주고 말을 직접 구매하는 것보다, 주변에서 알음알음 아는 사람들과 직접 거래하는 것이 때로는 더 합리적으로 다가왔을 가능성이 크다. 그래서인지 1599년 가을 오희문은 굼뜨고 짐도 잘 싣지 못하는 자신의 암말을 철원에 사는 사람의 늙은 수말과 바꾸었는데[1599년 8월 8일 일기], 그로부터 2달 뒤 다시 그 수말을 안협에 사는 사람의 암말과 바꾸면서 검푸른 철릭을 보태어 주기도 한다[1599년 10월 7일 일기]. 수시로 상황을 헤아려가며 나름 합리적 거래를 하려고 했던 오희문의 태도를 은근히 엿볼 수 있다.

오희문은 일정한 대가를 받고 자기 말을 남에게 빌려주기도 했던 것으로 보인다. 예컨대 임천에 머물 당시 이광춘이라는 자가 비인庇仁(지금의 충남 서천군 비인면)의 어살에 잡힌 갈치를 실어 오는 일로 오희문으로부터 말을 빌렸는데, 오희문은 그 대가로 실어 온 갈치 18마리를 받기도 했다[1595년 4월 24일 일기]. 튼튼한 말을 찾기도 쉽지 않을 뿐더러 찾는다 하더라도 가격이 비싸 쉽사리 구매하기 어려웠던 당시를 고려할 때, 가지고 있는 말을 남에게 빌려주고 그에 상응하는 대가를 받는 일은 의외로 흔한 풍경이 아니었을까 싶다. 관련해서 1600년 1월 평강에 머물던 오희문은 말을 타고 서울행 심부름을 다녀온 노 덕년이 서울을 왕래하는 동안 식량을 너무 많이 쓰는 바람에 실제 이익이 거의 남지 않았다며, '여기서 말을 빌려주는 방식으로 쓰는 것만 못하다不如在此稅馬而用之].'라는 불만을 토로하기도 한다1600년 1월 22, 23일 일기. 거래에서 이익을 취하고자 이동 수단으로 말을 쓰는 것보다, 차라리 남에게 말을 직접 빌려주고 대여료를 받는 편이 더 낫겠다는 표현 정도로 이해할 수 있다.

그림 24 ─
《단원풍속도첩檀園風俗圖帖》, 〈장터길〉, 국립중앙박물관 소장, e뮤지엄에서 전재

시장에서 좋은 말을 찾기도 어려웠고 설사 찾는다 하더라도 값이 너무 비싸 사는 것은 더 어려웠지만, 사실 가장 큰 문제는 데려온 말이 병에 걸리거나 건강을 잃기라도 하면 그 증세를 고치기가 여간 쉽지 않았다는 점이다. 예컨대 1595년 5월 임천에 머무르던 오희문은 함열에서 털빛이 붉은 말[赤馬] 하나를 가져온다[1595년 5월 12일 일기]. 외지를 방문할 때 이동 수단으로 사용하고자 하였으나[1595년 5월 13일 일기], 다리를 저는 증세가 심해지자 노를 시켜 함열에 말을 끌고 가서 침을 놓게 한다[1595년 5월 14일 일기]. 다행히 어찌어찌 마의[馬醫]를 구한 덕분에 말을 다시 집으로 끌고 와 치료를 맡긴다[1595년 5월 17일, 5월 19일, 5월 24일 일기]. 그러나 딱히 차도가 없었는지 그로부터 약 한 달 뒤 임천군수에게 부탁해 관아에서 말 치료를 담당하던 노근수[斤守]를 집으로 불러와 직접 말에 침을 놓게 하기도 하고[1595년 6월 19일 일기], 본업은 갓장이[笠匠]이지만 말을 잘 고친다 소문이 난 한산 사람 예산[禮山]을 불러와서 두어 차례 치료를 맡기기도 한다[1595년 6월 26일, 7월 26일 일기]. 근수와 예산이 말에 침을 놓아준 대가로 오희문은 그들에게 각기 소주 한 그릇[燒酒一器]을 대접한다. 그러나 아래 인용을 통해 짐작할 수 있듯이, 안타깝게도 뚜렷한 차도는 없었던 것으로 보인다.

> 다리를 저는 말을 타고 오가며 그 걸음이 어떠한지 살펴보았다. 언덕길을 만나면 몹시 힘들어하고 평탄한 곳에 이르면 잠깐 다리를 절었다. 만약 다시 침으로 치료하고 열흘 정도 부리지 않는다면 나을 듯싶은데, 한편으로 무거운 짐을 싣고 멀리 가면 도로 다리를 절 것이라 했으니, 나으면 팔아 버릴까 생각 중이다.[77]
>
> —1595년 6월 29일 일기

이후로 말이 있음에도 생활에 필요한 이동과 운송에 말을 쓸 수 없음을 한동안 답답해하던 오희문은[1595년 6월 22일, 7월 6일, 7월 12일, 7월 20일 일기] 결국 백인화에게 해당 말을 팔아 버리는 것[1595년 8월 22일 일기]으로 속에 있던 답답함과 번뇌를 털어낸다. 아마도 당시 오희문은 말이 있어서 생겨나는 울화통보다 말이 없어서 발생하는 불편함을 감내하는 편이 차라리 더 낫겠다는 생각을 했을지도 모른다.

꿩고기를 먹으려면 매를 날려야 하네

　피란 중에 고기 음식을 구경하기란 쉽지 않았다. 소, 돼지, 닭과 같은 가축에서부터 사슴이나 노루와 멧돼지 등의 들짐승에 이르기까지 고기를 구하는 것 자체가 무척 어려웠고, 어렵사리 고기를 구한다 하더라도 자주 접할 수 있는 음식이 아니었기 때문에, 일상에서 고기를 먹는 경우는 손에 꼽을 정도였다. 예를 들어 오희문이 평강에 머무르던 1597년 여름 현감이던 장남 오윤겸이 사슴고기를 보내어 오자 "오랫동안 고기를 먹지 못한 터라 굽기도 하고 삶기도 해서 먹었다."[78]라고 남긴 기록[1597년 5월 10일 일기]이 있으며, 1599년 여름 어머니께 드릴 음식이 없어서 "집 안에 아무것도 없고 채소조차 구할 수 없는 형편이니, 하물며 고기를 바라겠는가."[79]라고 남긴 기록[1599년 6월 7일 일기]도 보이고, 1600년 봄 "어머니께서 무명 반 필을 한양 시장에 보내서 삶은 고기 1덩어리를 사다가 먹으라고 주셨는데, 고기 값이 너무 비싸서 딱 한 주먹만 했다."[80]라고 남긴 기록[1600년 2월 25일 일기]도 있다. 이 모두가, 고기를 잘 먹지 못했던 당시의 정황을 추정케 하는 단서라 하겠다.

　한창 성장기에 있는 아이들은 평소 식사에서 구경하기 어려운 고기나 생선이 간혹 밥상에 올라오면, 많이 먹고 싶은 마음에 심한 경우 다투기도 했다(1600년 3월 3일 일기). 참으로 안타까운 일이다. 그러나 더 안타까운 일은, 고기가 귀했기 때문인지 사후 일정 시간이 지난 소나 말을 먹는 경우가 적지 않았던 것으로 보이며, 그로 인해 취식에 따른 중독 증세, 즉 패혈증에 의한 사망이 종종 발생한 것으로 확인된다. 사망에 이를 수도 있다는 것을 알면서도 죽은 짐승의 고기를 먹는다는 것이 상식적으로 이해하기 어렵지만, 일상에서 고기를 접하기 어려운 환경에 처하면 또 모를 일이다. 고기 맛을 보기 위해 마치 불나방처럼 앞뒤 가리지 않고 달려들 수도 있지 않을까.

> 평강(오윤겸)의 편지를 보니, 노奴 세만과 그 첩의 집 비婢 둘이 모두 갯지의 죽은 말고기를 먹고는 중독되어 몹시 고통스러워하는데 살릴 수 없다고 한다. 불쌍하다. 상인常人은 비록 그 독이 있는 것을 눈으로 보면서도 한때의 욕심을 참지 못하여 문득 먹고는 중독되어 죽는 경우가 자주 있으니, 사람의 욕심을 이처럼 막기 어렵다.[81]
>
> —1599년 6월 19, 20일 일기

이처럼 고기를 접하기 어려운 상황에서 꿩은 야생에서 구할 수 있는 고단백 식용자원으로서 그 가치가 뚜렷했다. 꿩고기는 기본적으로 제사상에 올라가는 음식이었다[1594년 12월 29일, 1595년 11월 20일, 1596년 2월 5일, 1597년 11월 12일, 1598년 1월 14일, 1599년 3월 8일 일기]. 일상에서는 꿩을 주로 구워 먹었는데, 종종 만두로 빚어서 먹기도 했고[1596년 9월 27일 일기], 또 가족 중에 병을 앓는 사람이 있을 시 보양의 차원에서 특별히 먹이기도 했다[1593년 8월 6일, 10월 14일, 1594년 12월 2일 일기].

그림 25
필자 미상, 〈꿩도〉의 일부분, 국립중앙박물관 소장, e뮤지엄에서 전재

물론 꿩이 일상에서 얻기 쉬운 음식은 아니었다. 오희문은 장남 오윤겸이 현감으로 있던 평강에 거처를 마련한 이후 관청으로부터 꾸준히 꿩을 공급받았는데, 1597년 여름 무렵 남긴 "관청의 힘이 아니면 이와 같은 때에 꿩고기를 맛보기는 몹시 어렵다."[82]라는 기록 [1597년 7월 5일 일기]과 "햇꿩을 계속해서 얻어먹으니 역시 관청의 힘을 알겠다."[83]라는 기록[1597년 7월 15일 일기] 등을 통해 당시 일반민이 꿩고기를 먹기란 무척 힘들었을 것이라는 추정을 해볼 수 있다. 이 때문에 꿩이 청탁을 위한 뇌물로 활용되는 경우도 빈번했던 것으로 보인다. 오희문의 경우 임천에 머무를 때와 평강에 머무를 때 모두 수령이 가족(사위와 아들)이었기 때문에, 사람들이 꿩을 가지고 와서 뇌물로 바치는 청탁으로부터 자유롭지가 못했다[1595년 3월 26일, 1598년 1월 21일, 1월 24일, 1월 25일, 1599년 9월 5일 일기].

당시의 기록에 근거할 때 꿩은 대략 마리당 쌀 1말 8되 또는 말먹이 콩 4말 정도의 가치로 거래된 것으로 확인되는데[1596년 11월 11일 일기], 그것만 가지고 정확한 시장 가격을 유추하기란 어렵다. 주변이 모두 산지라 상대적으로 꿩을 포획하기 쉬웠던 강원도 평강에서 싼 가격에 꿩을 사서 한양에 가지고 가서 비싸게 파는 방식의 시세 차익을 노리는 경우가 있었던 것으로 보이긴 하는데[1598년 1월 8일 일기], 그러한 형태의 거래가 또 당시에 얼마나 보편적인 것이었는지를 판단하기란 쉽지 않다.

꿩은 가축이 아니라 야생 조류이기 때문에 정기적으로 시장에 공급할 수 있는 안정적 수급 채널이라는 것도 없을 뿐 아니라, 꿩을 확보할 수 있는 가장 뚜렷한 경로로서 매사냥이라는 수렵 활동이 생각만큼 쉬운 일도 아니었다. 매를 구하는 일부터가 무척 어려웠고, 구한다 하더라도 꿩을 사냥할 수 있게끔 매를 훈련 시키고 매가 아프지 않게끔 돌보고 관리하는 일은 또 다른 차원의 부담이 되었다.

오희문은 평강에 이사를 온 이후로 장남 오윤겸이 수령으로 있었기 때문에, 관청에서 꾸준히 매를 제공받았다[1597년 9월 28일, 1597년 10월 2일, 1598년 10월 18일, 1599년 3월 8일 일기]. 오윤겸은 제수와 식량이 풍족하지 않았던 가족들이 꿩고기를 꾸준히 접할 수 있게끔 매사냥을 안배했던 것으로 보인다. 매는 구하기도 어려웠지만 길들이고 훈련시키는 것은 더 힘들었다. 심지어 사냥 중에 도망치거나 다칠 염려가 늘 있었기 때문에, 그러한 리스크까지 고려한다면 사냥을 통해 얻는 이득이 적어서는 곤란했다. 오희문은 매사냥을 통해 얻은 꿩의 숫자를 일기에 꼼꼼하게 기록했다. 아래 표는 그 내용을 정리한 것이다.

〈표 9〉 오희문이 매사냥을 통해 취득한 꿩 숫자(1597~1600)

매사냥 일자	계절	사냥한 꿩 숫자	참고 사항
1597년 3월 10일	봄	3마리	1마리를 연포탕 육수를 내는 데 사용함.
1597년 4월 1일	봄	2마리	소한小漢의 매사냥.
1597년 4월 2일	봄	2마리	소한의 매사냥.
1597년 4월 3일	봄	-	소득이 없음.
1597년 10월 1일	가을	3마리	1마리를 최경유에게 줌.
1597년 10월 14일	가을	1마리	김억수金億守의 매사냥.
1597년 10월 15일	가을	2마리	김억수의 매사냥.
1597년 10월 16일	가을	2마리	김억수의 매사냥.
1597년 10월 17일	가을	1마리	김억수의 매사냥.
1597년 10월 18일	가을	2마리	김억수의 매사냥: 1마리를 김억수에게 줌
1597년 10월 19일	가을	2마리	김억수의 매사냥.
1597년 10월 20일	가을	1마리	김억수의 매사냥.
1597년 11월 3일	겨울	-	소득이 없음.
1597년 11월 4일	겨울	2마리 1마리	김억수의 매사냥: 1마리를 최경유에게 줌. 전풍全豊의 매사냥.
1597년 11월 5일	겨울	4마리 2마리	춘금이春金伊의 매사냥. 전풍의 매사냥.
1597년 11월 6일	겨울	4마리 2마리	김억수의 매사냥. 전풍의 매사냥: 1마리를 전풍에게 줌.
1597년 11월 7일	겨울	2마리 -	김억수의 매사냥: 1마리를 김억수에게 줌. 전풍의 매사냥: 소득이 없음.
1597년 11월 8일	겨울	2마리 1마리	김억수의 매사냥: 1마리를 김억수에게 줌. 전풍의 매사냥.
1597년 11월 9일	겨울	3마리 2마리	김억수의 매사냥: 김억수가 2마리를 가져감. 전풍의 매사냥: 1마리를 전풍에게 줌.

매사냥 일자	계절	사냥한 꿩 숫자	참고 사항
1597년 11월 12일	겨울	1마리	김억수의 매사냥.
1597년 12월 29일	겨울	1마리	김억수의 매사냥.
1598년 2월 3일	봄	7마리	소한과 수남守男의 매사냥.
1598년 2월 4일	봄	3마리	소한과 수남의 매사냥.
1598년 2월 5일	봄	2마리	소한의 매사냥.
1598년 2월 7일	봄	1마리	소한의 매사냥.
1598년 9월 27일	가을	2마리	김억수의 매사냥.
1598년 9월 30일	가을	2마리	김억수의 매사냥: 1마리를 김억수에게 줌
1598년 10월 5일	가을	2마리	김억수의 매사냥: 1마리를 매의 먹이로 사용함
1598년 11월 18일	겨울	-	김업산金業山의 매사냥: 소득이 없음
1598년 11월 19일	겨울	1마리	김업산의 매사냥: 매가 잡은 것이 아니라 개가 잡음
1598년 11월 20일	겨울	1마리	김업산의 매사냥.
1598년 11월 26일	겨울	1마리	김업산의 매사냥.
1598년 11월 29일	겨울	1마리	김업산의 매사냥.
1598년 12월 9일	겨울	1마리	김업산의 매사냥.
1598년 12월 28일	겨울	1마리	김업산의 매사냥.
1599년 1월 10일	겨울	2마리	김억수의 매사냥.
1600년 1월 18일	겨울	1마리	김업산의 매사냥.
1600년 1월 27일	겨울	1마리	전풍의 매사냥.
1600년 1월 29일	겨울	2마리	전풍의 매사냥.

매사냥은 봄에도 이루어지긴 하였으나 주로 늦가을(음력 10월 경)부터 늦겨울(음력 1월경)에 이르는 시기에 집중적으로 시도되었음을 알 수 있다. 사냥을 한 번 나갈 때마다 소득이 아예 없을 때도 있고, 소득이 있을 때는 적게는 1마리 많게는 6-7마리까지 꿩을 잡았던 것이 확인된다. 사냥을 통해 잡은 꿩은 그 숫자가 많지 않았기 때문에 시장에 내다 팔기보다는, 주로 제수나 식용으로 쓰인 것으로 보인다.

그림 26
김홍도, 〈호귀응렵도豪貴鷹獵圖〉, 간송미술문화재단 소장

매사냥을 위해서는 야생에서 포획한 매를 잘 길들이고 날릴 수 있는 사람이 필요했다. 소한小漢, 수남守男, 김억수金億守, 전풍全豊, 춘금이春金伊, 김업산金業山 등은 오희문이 얻은 매를 길들이고 날리며 관리하는 역할을 맡았던 이들이다. 오희문의 장남 오윤겸은 적당한 사람을 뽑아 잡역을 면제해 주고, 그에게 매를 길들여 꾸준히 날리게 함으로써 포획한 꿩을 오희문에게 바치게끔 했다.

> 저녁에 전풍이 현에서 매를 가지고 왔다. 평강(오윤겸)이 편지를 보내, 이 매는 전풍에게 주고 그에게 매를 놓게 하여 잡은 꿩을 나누라고 했다.[84]
> —1597년 10월 2일 일기

> 저녁에 김업산이 현에서 팔에 매를 앉혀 왔다. 바로 평강(오윤겸)이 보낸 것으로, 업산에게 잡역을 면제해 주는 대신 매를 길들여서 날려 꿩을 잡아 이곳에 바치도록 한 것이다.[85]
> —1598년 10월 18일 일기

매를 길들이고 관리하려면, 우선 매를 다루어본 경험이 풍부한 사람을 구해야 하고 매에게 공급할 먹이(닭이나 개)도 갖추어야 했기에, 그 비용이 만만치 않아 일반 민가에서는 매사냥을 시도하기가 쉽지 않았으리라 짐작된다. 예를 들어 오희문은 김업산에게 매를 기르고 관리하는 것에 대한 비용으로 정목正木(품질이 매우 좋은 무명베) 1필을 주면서 불평을 터뜨리기도 했고[1600년 9월 9일 일기], 닭고기는 거들떠보지 않고 시장에서 구하기 어려운 개고기만을 먹이로 찾는 나름 입맛이 까다로운 매도 있었던 것으로 보이며[1600년 9월 28일 일기], 사냥하던 매가 다치거나[1600년 1월 18일 일기], 죽거나[1595년 11월 27일, 1599년 1월 13일 일기], 도망치거나[1597년 10월 21일, 11월 17일, 1598년 3월 9일, 10월 15일, 1599년 2월 20일 일기], 병에 걸리는 일[1597년 12월 15일, 1598년 12월 7일, 1600년 2월 7, 8일 일기]도 꾸준히 발생했던 것으로 확인된다.

그림 27
〈창응백응도蒼鷹白鷹圖〉 부분,
국립중앙박물관 소장, e뮤지엄에서 전재

한편 관아의 형편은 매를 늘 넉넉하게 확보해 두지는 못했던 것으로 보인다. 외부에서 매를 구하기 위해 평강으로 찾아오는 이들이 있었는데, 관아에서도 그들에게 제때 매를 공급해주지 못하는 경우가 많았다(1597년 11월 9일, 1598년 11월 1일, 1598년 12월 6일, 1599년 2월 16일 일기). 관아로부터 매를 제공받는 것도 한계가 있었기 때문에, 오희문은 닭을 미끼 삼아 매 그물을 쳐서 직접 매를 잡으려는 시도를 여러 차례 했다. 그러나 기대한 만큼 성과를 얻지는 못했던 것으로 보인다(1598년 10월 8일, 1598년 10월 27일, 1599년 8월 29일, 1599년 9월 29일 일기).

이처럼 매를 얻기란 무척 어려웠기 때문에 거래도 매우 까다로웠으리라 짐작된다. 매는 정가가 없고 그 건강 상태나 훈련 정도에 따라 가격이 매겨졌다. 하단의 인용은 당시 사람들이 매를 매매하는 과정에서 그 값어치에 관한 고민과 저울질을 얼마나 많이 하였을지를 추정해 볼만한 단서라 하겠다.

새매(수지니)가 이제 길이 잘 들어서 오늘 날리려고 했는데, 안협에 사는 진수가 맷값을 가지고 찾아와서 간절히 팔라고 했다. 처음에는 허락하지 않으려고 했으나, 다시 생각해 보니 비록 길들여서 날릴 만하다고 한들 집에 매를 아는 사람이 없다. 매번 다른 사람의 힘을 빌려 날려서 잡은 꿩을 나눈다면 얻는 것이 많지 않을 것이다. 더구나 이 매는 일찍이 콧병을 앓았으니, 만일 날렸다가 지난번의 병이 재발하는 날에는 더 이상 고칠 수 없을 것이고 만일 잃기라도 한다면 도리어 그 본전도 찾지 못할 것이다. 사람들도 다들 팔기를 권했기 때문에, 그가 원하는 대로 팔았다. 중간 값을 쳐서 무명 6필과 안팎을 새로 만든 백목저고리와 중치막 두루마기 1벌을 받고, 정목 2필 값을 깎고서 주었다. 또 뒷날 꿩 10마리를 잡아다 바치기로 약속했다. 이 매는 지금 이미 두 번째로 기른 것인데, 올해는 몹시 잘 길러서 앞뒤로 옛 털이 하나도 없고 그 빛깔이 은과 같아서 사람들이 누구나 사고 싶어 했으나 값이 비싼 것을 꺼려했다. 진수는 그 재주가 좋은 것을 알기 때문에 사 간 것이다. 인아가 10여 일 동안 밤낮으로 잠도 자지 않고 직접 길들여서 오늘 억수에게 날리도록 약속했다. 그런데 꿩 하나도 잡아 보지 못하고 주어 보냈으니, 마치 보물을 잃은 것과 같았다. 한탄한들 어찌하겠는가.[86]

− 1600년 10월 9일 일기

병아리 쫓는 고양이 없자 쥐가 누에를 잡네

길어지는 피란 생활 속에서 경제적 보탬이 될만한 무언가를 찾던 오희문이 도모한 소소한 사업이 있으니, 병아리 키우기[養鷄]다. 다른 사람으로부터 병아리를 구하거나[1597년 7월 7일 일기], 자신이 소유한 암탉이 낳은 병아리를 잘 길러서[1598년 2월 26일, 3월 10일, 3월 22일, 5월 26일 일기] 닭으로 키울 경우, 시장에서 팔 수도 있고 식용으로 쓸 수도 있었기에 큰 이익은 아니었지만 나름대로 살림에 알뜰한 보탬이 되었다.

그러나 오희문의 기대처럼 병아리를 키우는 일은 쉽지 않았던 것으로 보인다. 솔개가 병아리를 채가는 바람에 혀를 차기도 하고[1598년 4월 2일 일기], 개가 병아리를 물어 죽여 분통을 터뜨리기도 했으며[1598년 4월 15일, 4월 16일 일기], 무엇보다 가장 큰 문제는 고양이였다. 이웃집 고양이든, 집에서 기르는 고양이든 언제든 병아리를 물어 죽일 수 있는 존재였기에, 고양이는 늘 위협적 대상으로 여겨졌다[1595년 3월 15일, 5월 12일, 6월 11일, 1598년 2월 29일, 1595년 6월 28일 일기]. 하단의 인용처럼 고양이를 치워버리는 방도를, 오희문이 늘 고심해야 했던 이유이기도 하다.

그림 28
김득신, 《긍재풍속도첩兢齋風俗圖帖》, 〈야묘도추野猫盜雛〉, 간송미술문화재단 소장

> 노 덕년에게 집에서 기르던 새끼 고양이를 데려다가 부석사에 보낸 중 덕보德寶에게 주고 그곳에 두고 기르다가 가을에 돌려보내라고 일러 보냈다. 전에 약속했기 때문이다. 병아리를 기르고 싶은데 고양이를 보내지 않으면 분명 손해 보는 일이 있을 것이기 때문이다.[87]
>
> — 1598년 2월 29일 일기

병아리를 키우는 것 외에, 생활에 작은 보탬을 마련하기 위한 방도로 오희문이 도모했던 또 다른 사업이 있으니 바로 누에치기[養蠶]다. 뽕잎을 따서 누에를 넉넉히 먹임으로써 양질의 고치를 생산하는 과정은 봄철 약 한 달하고도 보름가량의 기간이면 충분했기 때문에, 밭 갈고 김맬 시기에만 적절히 인력을 투입한다면 노동 효율의 차원에서도 나쁘지 않은 농사였다. 음력 3월 말 즈음부터 5월 중순 무렵까지 이어진 단기 농사로서 누에치기는 봄철 집안의 생산성 향상을 도모할 수 있는 아주 좋은 기회였다.

오희문은 임천에 거주지를 마련하고 맞이한 첫봄인 1594년부터 1595년과 1596년을 거쳐, 평강으로 이사하고 처음으로 맞이한 봄인 1597년과 1598년, 1599년까지 매년 봄마다 누에치기를 시도했다. 참고로 1600년 봄의 경우 투입할 수 있는 인력이 없어 누에치기를 하지 않았던 것으로 보인다[1600년 5월 4일 일기]. 피란 중 누에치기를 시도한 첫해인 1594년에는 23말 분량의 고치를[1594년 5월 5일 일기], 1595년에는 17말 분량의 고치를[1595년 5월 2일 일기], 1596년에는 15말 분량의 고치를[1596년 5월 18일 일기], 1598년에는 38말 분량의 고치를[1598년 5월 20일 일기], 1599년에는 38말 5되 분량의 고치를 수확했다[1599년 윤 4월 19일 일기].

임천에 머무르던 때와 비교해 상대적으로 평강에 살던 시기에 고

그림 29
김홍도, 《경직도耕織圖》, 농사와 누에치기, 국립중앙박물관 소장, e뮤지엄에서 전재

치 수확량이 더 많은데, 그 이유를 추측해 보자면 아마도 평강에서의 생활이 임천에서의 생활보다 더 안정적이었기 때문이 아닐까 싶다. 수하로 부리던 이들을 노동에 투입하는 여건이라든지, 그로부터 확보할 수 있는 뽕잎의 절대량, 즉 누에를 먹이기 위한 조건부터 확연한 차이가 났던 것으로 보인다. 예를 들어 1594년과 1596년 봄에는, "뽕잎을 딸 곳이 없다."[88]라거나 "뽕잎을 따오는 양이 너무 적다."[89]라는 언급이 두드러지는데[1594년 4월 22일, 1596년 5월 13일 일기], 그

에 비해 1597년과 1598년과 1599년 봄에는 "뽕잎을 따서 가득 싣고 돌아왔다."[90]라든지, "뽕잎을 가득 실어 와도 다음날이면 모자라다."[91] 라든지, "어제 가득 싣고 온 뽕잎이 쓸모없게 되었다."[92]와 같은 언급이 뚜렷하게 나타난다(1597년 5월 8일, 1598년 5월 4일, 1599년 윤 4월 16일 일기).

수확한 누에고치는 실을 뽑아 명주를 짜는 원료로 사용되었다. 그 품질이 좋아 바깥 감으로 사용된 명주(外紬)의 경우 1필당 정목(正木)(품질이 매우 좋은 무명베) 2필 값에 해당하는 가격으로 시장에서 거래된 것으로 보인다(1600년 11월 16일, 1601년 2월 14, 15일 일기). 누에고치 1말에 해당하는 양을 마릿수로 환산할 경우 그 크기가 조금씩 다름을 고려한다고 하더라도 대략 70마리가량임을 생각할 때, 오희문이 1598년과 1599년 누에치기를 통해 얻은 고치 38말은 약 2,600여 마리 정도로 어림짐작해 볼 수 있다. 그리고 고치 1마리의 무게가 약 2g 언저리임을 고려할 때, 고치 38말의 무게는 대략 5kg 정도로 추정해 볼 수 있겠다. 명주 1필을 짤 때 필요한 누에고치의 양을 무게로 환산할 시 약 4kg 내외로 산정하는 것이 일반적인데, 이를 통해서 볼 때 1598년과 1599년 봄 누에치기로 오희문이 얻은 이득을 그 가공물인 명주로 환산할 때, 대략 1필의 가치를 조금 넘는다고 하겠다.

흥미로운 사실이 하나 있으니, 그것은 누에치기와 병아리 키우기 두 사업의 성공을 동시에 바라기가 무척 어려웠다는 점이다. 그 이유는 재미있게도 고양이에 있다. 누에 농사의 성공은 기본적으로 뽕잎을 잘 공급하여 누에를 얼마나 잘 먹이느냐에 달려 있긴 하였으나, 잘 먹은 누에가 고치가 되어가는 과정에서 외부의 위협으로부터 그것을 보호하는 것도 매우 중요했다. 누에고치를 위협하는 가장 큰 외부의 적은 쥐였는데, 오희문 역시 매년 쥐의 습격으로부터 자유롭지 못했다1594년 5월 13일, 1598년 5월 18일 일기). 쥐를 잡기 위해서는 고양이가 필요했지만, 한편으로 병아리를 키우기 위해서는 고양이를 어딘가로 보내야 했기에, 어느 한쪽을 취하면 다른 한쪽을 포기해야 하는 일이 발생했다. 아래 인용은 그러한 골치 아픈 상황에 처해 이러지도 저러지도 못하고 그저 탄식하는 것 외에는 별 도리가 없던 오희문의 안타까운 토로라 하겠다.

> 밤에 누에가 올라간 섶 밑에서 쥐 떼가 시끄럽게 싸워서 딸이 등을 밝히고 섶을 들추어 보니 큰 쥐 대여섯 마리가 달아났다. 망가진 누에고치가 산처럼 쌓여 있고, 아직 채 고치가 되지 못한 누에도 모두 씹혀서 썩어 버렸다. 더러운 것이 상 위에 가득하니, 분통함을 견딜 수 없다. 곧장 섶을 다른 곳으로 옮겼다. 그러나 이미 훔쳐다가 씹어 망가뜨린 것

이 거의 3분의 1이나 된다. 올해는 농사를 접어 두고 누에 치기에 전력했는데, 결국 못된 쥐에게 해를 입어 헛일이 되어 버렸다. 탄식한들 어찌하겠는가. 지난봄에 병아리를 기르려고 키우던 고양이를 부석사로 내보냈더니 쥐들이 거리낄 것이 없어 이처럼 방자한 짓을 하게 되었다. "한 가지 이로운 일이 있으면 한 가지 해로운 것이 숨어 있다."라고 할 만하다. 돌아보아도 쥐를 제압하여 잡을 방도가 없으니, 더욱 원통할 뿐이다.[93]

-1598년 5월 18일 일기

6

번동反同, 시세 차익의 기대와 굴절

번동이란 무엇인가?

오랜 기간 수하로 데리고 있던 노奴 막정莫丁이 죽었을 때, 오희문은 30년 넘게 집안일을 도맡아 처리한 그의 삶을 회고하며 아래와 같은 기록을 남긴다.

> 막정은 본래 평양에 살았는데, 14세에 붙잡아 와서 심부름을 시킨 지 이제 37년이 되었다. 여러 곳의 노비들 신공을 징수하는 것과 해마다 목화를 번동反同하는 것과 아이들의 혼인 때 남에게 빌리거나 구하는 일 등을 도맡아 했다.[94]
>
> —1595년 12월 18일 일기

여러 지역에 흩어져 사는 소위 납공노비들을 찾아가 신공身貢(노비가 상전인 양반에게 신역身役 대신 매년 바치는 구실)을 받아 오는 일이라든지, 자식들이 혼인할 때 여러 정보를 얻어 오고 또 필요한 물품 등을 구하는 일 두 가지에 대해서는 대략 알겠는데, '해마다 목화를 번동한다年年木花反同.'라는 것이 구체적으로 무엇인지는 정확히 알기가 어렵다. 오희문의 생활에서 무척 중요한 일이었고, 그래서 나머지 두 과업과 함께 노 막정에게 맡겼던 '번동反同'이라는 것은 대체 어떠한 활동이었을까?

조선시대 사료에서 번동이라는 표현은 일반적으로 '이자놀이' 정도의 뜻으로 받아들여지는 경우가 많다. 관청이나 사찰에서 백성들을 상대로 행한 부정적 맥락의 징수 행위 정도로 이해할 수 있다. 그런데 『쇄미록』에서 거론되는 '번동反同, 飜同'은 앞서 언급한 반동의 의미와는 조금 다르다. 유관 용례를 조합해 볼 경우 '시기와 공간에 따른 시세 차익을 고려한 원거리 물품 거래' 정도의 의미로 보는 것이 타당하다.[95] 이로 미루어볼 때 노 막정은 매년 오희문을 대신해 먼 곳까지 다니며 시세를 고려한 목화 거래를 담당해 왔으리라 짐작해 볼 수 있다.

막정이 죽고 난 이후 목화 번동을 주로 맡았던 것은 노奴 덕년德年으로 보인다. 예를 들어 1596년 윤 8월 오희문은 목화木花를 번동하기 위해 소금, 대구, 다시마, 고등어 등 내륙에서는 구하기 어려운 여러 해산물을 거래 물품으로 덕년에게 주면서 영동永同(지금의 충청북도 영동군)과 황간黃澗(지금의 충청북도 영동군 황간면 일대)에 사는 사촌들에게 보냈다. 추측하건대 오희문은 그곳의 목화 가격이 상대적으로 쌀 것이라 여기지 않았을까 싶다. 안타깝게도 9월 초 집으로 돌아온 덕년의 손에는 12근의 목화만이 쥐어져 있을 뿐이었다. 그곳에서도 목화는 매우 귀했던 것이다[1596년 윤 8월 13일, 윤 8월 16일, 9월 2일 일기].

1598년 9월에도 노 덕년이 충청도 온양의 시장(지금의 충청남도 아산시 원도심)에 가서 목화를 번동한 기록이 있다. 일반적으로 목화는 음력 7월경 개화하는데, 이즈음 수확이 이루어지면서 거래가 활발했던 것으로 보인다. 예컨대 "추수 전에 (번동하러) 들여보내려고 했다[欲秋事前入送]"라는 표현[1596년 윤 8월 13일 일기]을 참고할 경우 7월 말~8월 초 무렵이 적절한 거래 시기임을 추정해 볼 수 있는데, 관련해서 "다만 절기가 늦어 여의치 않을까 걱정된다[但節晩恐不得如意也]"라는 표현[1598년 9월 20일 일기]을 통해 9월은 목화번동을 나서기에는 많이 늦은 시점임을 알 수 있다. 그럼에도 불구하고 덕년은 꿀[淸] 1말 7되와 무명[木] 반 필을 밑천 삼아 45근의 목화를 번동해 온다[1598년 9월 20일, 10월 16일 일기]. 쌀 1말당 목화 1근 반의 가치이니, 목화를 바꾸는 데 대략 쌀 30말을 쓴 것이다.

가을을 앞두고 해마다 목화를 번동한 것은, 쌀쌀한 겨울이 닥치기 전 따뜻한 옷과 이불을 만들 재료를 확보하는 것으로서 의미가 있었다. 사치품이 아니라 겨울을 나기 위한 필수품으로서 목화를 가급적 싼 가격에 구매하고자 한 고민과 노력이 '목화번동木花反同'이라는 네 글자에 담겨 있는 것이다. 그리고 번동은 오희문이 전유

그림 30
사진 엽서, 〈朝鮮風俗, 목화씨 배는 노파〉의 일부분, 부산광역시립박물관 소장

한 활동이 아니었다. 노비들도 자신의 이익을 챙기기 위해 각자 일상에서 번동을 도모했는데, 번동은 거래였기 때문에 그 수완이 무척 중요했다. 지역별, 시기별 시세를 어느 정도 예측하고 그에 맞추어 거래를 준비할 필요가 있었다. 예를 들어 오희문은, 생마生麻 40여 단을 한양에 가지고 가서 무명[木]으로 바꾼 다음 목화번동의 밑천으로 삼으려 한다는 덕년의 말을 듣고, 자신의 삼 12단을 그에게 맡기면서 무명 1필 반을 사게끔 했다[1597년 7월 9일 일기]. 여러 정황상 노 덕년이 번동을 위해 행하는 거래를 따르면 손해보다 이익을 챙길 가능성이 크다고 여긴 탓일 것이다.

오직 목화만 번동의 대상으로 다루었던 것은 아니다. 영지靈芝를 대상으로 한 지초번동芝草反同도 있었으며[1596년 윤 8월 12일 일기], 목화나 영지와 같은 특수한 성격의 물품뿐만 아니라, 원거리 거래를 통해 시세 차익을 노릴 수 있는 물품이라면 자연스럽게 번동의 대상이 되었을 가능성이 크다[1598년 1월 13일 일기]. 시기를 매개하든 공간을 매개하든 시세 변동의 여지가 있고, 그 가운데 중개상의 중개 이익이 없기에 차익의 가능성이 큰 원거리 거래라면, 아마도 '번동反同'이라 일컬어지는 특수한 거래로 여겨지지 않았을까 싶다. 조금 생뚱맞긴 하지만, '번동'의 성격과 가장 가까운 거래 방식을 현대에서 찾는다면, 아마 '직거래' 정도가 그에 해당하지 않겠냐는 생각을 해본다. 중간 유통상을 거치지 않고 상품이 생산되는 원산지에서 직접 거래를 도모함으로써 비용을 최소화하고 이익을 극대화한다는 측면에서, 그 유사함을 찾을 수 있다.

생존 너머 생활을 찾아서

오희문 집안의 노奴로서 번동을 포함해 여러 성격의 사환을 꾸준히 한 것과 별개로, 덕년德年은 틈틈이 자신만의 이익을 위한 독립적 경제 활동을 하고 있었던 것으로 보인다. 휴가를 얻어 이곳저곳 물건을 팔러 다니며 시세 차익을 도모한 정황이 그 대표적 경우인데, 흥미로운 사실은 앞서 언급한 바와 같이 오희문도 그러한 덕년의 거래 활동에 편승하여 경제적 이익을 취하고자 했다는 점이다. 이는 기본적으로 오희문의 입장에서 덕년의 경제 활동을 온전히 신뢰할 수 있을 때 가능한 일인데, 아마도 오희문은 적지 않은 기간 동안 자신의 밑에서 타지역 거래를 담당해 온 덕년이 자연스레 지역별 품목의 시세를 잘 알고 또 거래에 필요한 요령 등을 갖추었다 판단한 결과가 아닐까 싶다. 예를 들어 오희문으로부터 휴가를 얻어 강원도 통천에 가서 소금을 팔아 생마生麻로 바꾸어 온 일[1597년 5월 29일 일기], 생마를 한양으로 가지고 가서 무명으로 바꾼 다음 다시 목화로 바꿀 계획을 세우고 있었던 일[1597년 7월 9일 일기], 휴가를 받아 안변安邊으로 어물을 사러 간 일[1600년 7월 12일, 7월 13일 일기], 휴가를 얻어 한양으로 가서 목화를 바꾸어 온 일[1600년 9월 4일, 10월 9일 일기] 등이 그 대표적 사례라 하겠다.

오희문은 이른바 양반으로서 체면과 위신이 있었기에 시장에 직접 방문해서 필요한 물품을 구매하거나 시세 차익을 위한 거래에 참여하지는 못했지만, 덕년과 같은 노비나 상거래 활동을 하는 주변 인물들을 앞세워 시장 교환을 적극적으로 시도함으로써 나름의 이익을 얻고자 애를 썼다. 이러한 오희문의 모습은 다소 모순적으로 보이기도 한다. 먹고사는 문제가 중요했으나 그 중심이 되는 거래 행위에 직접 참여하지 않은 현실과, 한편으로 자신이 직접 참여하지 못한 거래의 결과에 촉각을 곤두세우고 그 손해나 이익에 대한 예민한 감각을 아래와 같은 기록으로 남겼다는 사실은, 무척 대조적인 정황이기 때문이다.

> 전에 시장에서 사 둔 무명[木]을 이때 보리로 바꾸어 먹으려고 했는데, 지금 듣기로 시장 가격이 너무 떨어져서 정목 正木(품질이 좋은 무명) 값이 보리 12, 13말에 지나지 않는다고 한다. 전날에 계획했던 것이 도리어 헛일이 되어 버렸다. 여름을 지내기가 몹시 어려워졌으니, 답답함을 어찌 말로 다 하겠는가.[96]
>
> —1593년 5월 28일 일기

> 어제 노 덕년이 목단木端(무명 한 끗)을 가지고 안협安峽에 사는 백정의 집에 유기柳器를 사러 갔으나 구하지 못하고 빈손으로 돌아왔다. 짚신과 유기 등을 사서 한양으로 올라가 팔아서 본전을 떼어 두고 이익을 남겨 쓸 계획이었는데, 모두 팔지 못했다. 더욱 걱정스럽다.[97]
>
> —1600년 8월 3일 일기

시장의 동향이라든지 구매하고자 하는 물품의 시세를 파악하고 그에 맞추어 거래상 이익과 손해를 계산하는 오희문의 모습은, 피란 중 궁핍한 상황에 처한 양반으로서 현실적 한계와 동시에 경제적 이익을 조금이라도 더 창출하고자 노력한 생활인으로서 현실적 노력을 모두 담고 있다고 보아야 한다.

번동[反同, 飜同]으로 대표되는 교환 거래뿐만 아니라 가족과 지인들을 동원해 일상생활을 영위하기 위한 선물을 주변으로부터 획득하는 행위도 마찬가지다. 체면 때문에 앞에서 직접 요청하지는 못하고 그 요구를 은근하게 드러내지만, 은근한 요구에 대한 답으로 적절한 선물을 받지 못했을 때 돌출되는 한탄과 걱정 그리고 원망을 일기에서 심심치 않게 확인할 수 있다. 주변으로부터 얻는 선물이든 시장을 통한 교환 거래든 불확실한 전란의 여파 속에서 생존과 안정을 위한 것이라면, 오희문은 무엇이든 취하고자 했다. 가족과 지인 등 자신이 가진 인적 네트워크를 활용해 생존을 위한 최대한의 선물을 확보하고, 선물 가운데 일부는 당장의 쓸모가 아니라 미래의 이익을 도모하기 위해 시장에서 거래를 도모하는 방식으로, 오희문은 끝나지 않는 전란 속에서 자신의 안위와 가족의 안녕을 지키기 위해 최선의 노력을 기울였다.

『쇄미록』에 기록된 오희문의 '선물'과 '교환'은, 기본적으로 전란 중 생존을 도모하기 위한 전략으로 수용할 수 있다. 한편으로 거래에 대한 오희문의 반복적이고도 지속적인 의지는, 최소한의 일상을 되찾고 더 나아가 온전한 삶을 회복하기 위한 희망적 몸부림으로 해석할 여지도 있을 것이다. 오희문에게 있어서 선물과 교환은 각기 다른 형식의 거래였으나, 그는 어느 쪽도 허투루 여기지 않았다. 선물이라고 해서 사실 모두 대가가 없었던 것도 아니며, 시장에서 이루어진 교환이라고 해서 거래가 늘 시가市價에 따라 기계적으로 이루어진 것도 아니었다. 선물을 받으면서도 혹여 뇌물이 아닐까, 시가를 알면서도 더 이익을 남길 수 없을까 오희문은 늘 걱정하고 고민했다. 체면과 위신을 무작정 내세우기보다 경제적 이익을 취함과 동시에 생활의 실용적 측면을 중시했던 오희문의 모습은, 우리가 익히 잘 알지 못했던 조선 중기 양반의 보편적 얼굴일지도 모를 일이다.

주석

들어가는 말_『쇄미록』에 담긴 거래의 흔적을 쫓아

1 참고로 『쇄미록』 영인본은 1962년 〈국사편찬위원회〉에서 『한국사료총서』 제14집으로 처음 간행되었으며, 이후 30년 뒤인 1992년 〈전라남도임란사료편찬위원회〉를 통해 『호남지방임진왜란사료집』 Ⅱ, Ⅲ집으로 발간되었다. 그로부터 다시 10년 뒤인 2002년 〈국립진주박물관〉을 통해 『임진왜란사료총서』 2집으로 영인·발행되었다.

2 『쇄미록瑣尾錄』을 대상으로 그간 발표된 논문은 25여 편가량이다. 시기에 따라 순차대로 정리하면 다음과 같다.

이경식, 「16世紀 場市의 成立과 그 基盤」, 『한국사연구』 57, 한국사연구회, 1987; 전경목, 「日記에 나타나는 朝鮮時代 士大夫의 일상생활-吳希文의 「瑣尾錄」을 중심으로」, 『정신문화연구』 19(4), 한국학중앙연구원, 1996; 이성임, 「조선중기 오희문가의 商행위와 그 성격」, 『조선시대사학보』 8, 조선시대사학회, 1999; 정성미, 「〈쇄미록〉 연구」, 원광대학교 박사학위논문, 2003; 이정수, 「16세기 중반~18세기 초의 貨幣流通 실태-生活日記類와 田畓賣買明文을 중심으로-」, 『조선시대사학보』 32, 조선시대사학회, 2005; 신동원, 「조선후기 의약생활의 변화: 선물경제에서 시장경제로-『미암일기』, 『쇄미록』, 『이재난고』, 『흠영』의 분석」, 『역사비평』 75, 역사비평사, 2006; 김성진, 「『瑣尾錄』을 통해 본 士族의 生活文化-음식문화를 중심으로-」, 『동양한문학연구』 24, 동양한문학회, 2007; 박미해, 「조선중기 수령의 가족부양으로 본 長子의 역할과 家의 범위- 오희문가의 평강생활(1596-1600년)을 중심으로」, 『사회와

역사』 75, 한국사회사학회, 2007; 차경희, 「쇄미록鎖尾錄을 통해본 16세기 동물성 식품의 소비 현황」, 『한국식품조리과학회지』 23(5), 한국식품조리과학회, 2007; 박미해, 「조선중기 예송例送·증송贈送·별송別送으로의 처가부양: 오희문의 『쇄미록瑣尾錄』을 중심으로」, 『한국사회학』 42(2), 한국사회학회, 2008; 신병주, 「조선중기 생활사의 보고寶庫 쇄미록鎖尾錄」, 『선비문화』 17, 남명학연구원, 2010; 정성미, 「조선시대 사노비의 사역영역과 사적영역 -〈鎖尾錄〉에 나타나는 사례를 중심으로」, 『전북사학』 38, 전북사학회, 2011; 방기철, 「임진왜란기 오희문의 전쟁체험과 일본인식」, 『아시아문화연구』 24, 가천대학교 아시아문화연구소, 2011; 신병주, 「16세기 일기 자료 『瑣尾錄』 연구 -저자 吳希文의 피난기 생활상을 중심으로-」, 『조선시대사학보』 60, 조선시대사학회, 2012; 김미혜, 「『쇄미록鎖尾錄』에 기록된 16세기 사대부가 절사節祀와 세시음식歲時飮食 연구」, 『한국식생활문화학회지』 35(1), 한국식생활문화학회, 2020; 김경태, 「『쇄미록』에 나타난 임진왜란 관련 정보의 전달 양상」, 『역사와 담론』 99, 호서사학, 2021; 이유진, 「『쇄미록』에 투영된 임진란에 대한 책무의식과 감정의 파고」, 『Journal of Korean Culture』 54, 한국어문학국제학술포럼, 2021; 김소연, 「『쇄미록』에 나타난 오희문의 전란체험과 가족애」, 『가족과 커뮤니티』 4, 전남대학교 인문학연구원, 2021; 송수진, 「임진왜란기 사족士族 부형父兄의 형상화 -『쇄미록鎖尾錄』을 중심으로」, 『국학연구』 46, 한국국학진흥원, 2021; 김연수, 「『쇄미록』에 나타난 16세기 혼맥婚脈과 친족관계」, 『한국민속학』 75, 한국민속학회, 2022; 이성임, 「임진왜란기 해주오씨 집안의 官屯田과 차경지 경작-吳希文의 『瑣尾錄』을 중심으로-」, 『조선시대사학보』 101, 조선시대사학회, 2022; 이성임, 「16세기 양반의 稱念 수수와 그 인적 배경」, 『史林』 82, 수선사학회, 2022; 김경태, 「임진전쟁과 여성의 삶-'쇄미록'을 중심으로-」, 『한일관계사연구』 78, 한일관계사학회, 2022; 최기숙, 「조선시대 노-주의 연결망과 공동체성, '아카이브 신체'-『쇄미록』의 노비 기록에 대한 문학해석학적 연구-」, 『민족문화연구』 100, 고려대학교 민족문화연구원, 2023; 장혜지, 「임진왜란기 오희문 가문의 식생활 및 찬품 교류 -『쇄미록』을 중심으로-」, 『역사와 실학』 83, 역사실학회, 2024; 윤효정, 「일기자료를 통해 본 16세기 사대부층의 자기磁器 구득과 사용 -『묵재일기』, 『미암일기』, 『쇄미록』을 중심으로-」, 『한국문화연구』 46, 이화여자대학교 한국문화연구원, 2024.

3 대표적 논문으로 이경식, 「16世紀 場市의 成立과 그 基盤」, 『한국사연구』 57, 한국사연구회, 1987; 이성임, 「조선중기 오희문가의 商행위와 그 성격」, 『조선시대사학보』 8, 1999; 이정수, 「16세기 중반~18세기 초의 貨幣流通 실태-生活日記類와 田畓賣買明文을 중심으로-」, 『조선시대사학보』 32, 조선시대사학회, 2005; 이성임, 「임진왜란기 해주오씨 집안의 官屯田과 차경지 경작-吳希文의 『瑣尾錄』을 중심으로-」, 『조선시대사학보』 101, 조선시대사학회, 2022; 장혜지, 「임진왜란기 오희문 가문의 식생활 및 찬품 교류-『쇄미록』을 중심으로-」, 『역사와 실학』 83, 역사실학회, 2024 등을 거론할 수 있다.

1. 거래, 피란과 일상의 사이

4 『야곡집冶谷集』 권10, 〈삼관기三官記〉 '목관目官', "我國民庶 舊皆戴平凉子 或稱蔽陽子 其制織竹爲之 而素其體 惟驛卒黑而戴之 郡邑或有所謂笠店者 皆是平凉子匠 羣居之所也 世之逐利者 多貿此而販賣焉 俗稱兩班爲黑笠者 以民庶所着平凉子之色素故也 壬辰之亂 有言倭賊遇兩班則必殺無貸 一時大小人 皆戴平凉子 唐將怪而問之 對者曰: '君父播越 臣子不忍服美 以庶人禮自處也'."

5 『쇄미록』 1598년 1월 13일 일기. "蘇隲以事到縣 今始來見 不見久矣 邂逅相見 深可慰喜 隲也去秋避亂 今居京城西江三浦 以反同謀食云云 余自林川去丙申冬發來時 隲皮郞笠卅介付余送之曰:'若時事更亂 則當擧家避入于某處 此笠須先爲貿粮留置'云 故持來 其後久不入來 余私用十五介 所餘只十五介 今還付之 余所用則布一疋償之."

2. 임천에서의 나날들(1593~1596)
: 환란 속 거래의 시도

6 『쇄미록』 1593년 5월 11일 일기. "咸悅太守申公送人問候 致簡於參奉處曰:'兄家之事每一思之 生一憂慮 飢飽欲與共之 卽可來寓近地'云云 可謂厚矣"

7 『쇄미록』 1593년 6월 21일 일기. "食後 與剛仲相別 而馳到郡東十餘里許 乃余移寓處蘇隲空家也 家稍軒豁 而但窄狹 無婢僕所居處 又無雜物藏置之地 四隣皆遠 而只有蘇家 是可恨也 小地名小知洞 而大地名則水多洞云云."

8 『쇄미록』 1593년 9월 29일 일기. "來時歷入欲借寓家 見其可居與否 則甚合可居 而但井遠柴稀 是可恨也."

9 『쇄미록』 1593년 10월 2일 일기. "早食後 移來郡五里外西邊儉岩里百姓德林家 再度往來 日已暮矣 德林則死已久矣 其外孫金火同時在家隣 而以其拘忌 不入累年 故家空已久 他人賃居 使太守牌字家主 黜入居人而移寓 但最不堪事有四 寢埃甚冷 非一二束所溫 此一不堪也 刈柴處甚遠 此二不堪也 井路亦遠 此三不堪也 朝夕炊烟滿家 目不能開 此尤不堪四也 然內外有備 瓦屋淨潔 故上下好之 而欲更移也."

10 『쇄미록』 1593년 10월 3일 일기. "朝前 與允諧 馳往成德麟奴家 洒掃內外 火埃而還 明日欲移居故也 但草盖舊屋 有雨漏處 而房舍不潔 是可恨也."

11 『쇄미록』 1593년 10월 4일 일기. "且允諧養母 先往大鳥洞成德麟奴家 此處 房小不能容 使之分居."

12 『쇄미록』 1594년 7월 17일 일기. "朝前 送奴借家於趙敏 已許入居 食後 余 親往見之 距此不遠 內外有備 溫房有三 家內有井有砧 四隣有人家 正合可居 但久不入處 頗有毀陋 地亦卑濕 而上多雨漏 必修治然後可入 然念後當欲移寓 爲計."

13 『쇄미록』 1594년 7월 24일 일기. "修治移寓家 搬移諸物 夕將移居故也 (중략) 且昏 擧家移寓西邊祭壇下趙大英家 再度往來 夜已深矣."

14 『쇄미록』 1594년 10월 7일 일기. "朝 家主崔仁福來言曰: '洪注書欲先入 已 送婢子來守其家 不問家主 而先輸卜物 今日當來居云 不知緣何故耶?' 余曰: '必因空家 而不知吾已借 故欲入矣' 因饋酒兩大杯而送 食後 又送莫丁於洪注 書處 爲陳余已得借於家主 明日定欲移寓之事 則洪曰: '吾亦不知其故 因李部 將之言欲入去 而今聞尊長已得借入云 不可爭也 吾則更求他家而入' 云云 明日 當先搬移寢具諸物 臨夕 擧一家移寓爲計 洪注書名乃遵 而在京時一洞之人 相 知有舊 而亦允謙少年友也 今居母憂 而前月來居其聘翁尚判官薯孫家 因畏盜 欲移居官家近處矣."

15 『쇄미록』 1594년 4월 3일 일기. "近來乞人甚稀 皆曰: '數月內已盡餓死 故 閭里中行乞者罕見'云 雖不遠見 而此邑近處 餓殍相枕於路傍 人言不虛矣 竊 聞嶺南 畿甸人多相食 而至於六寸之親 殺而啗之云 常以爲不祥 今更聞之 京 城近處 前則持物者 雖一二升之米 殺而掠之 近日人之獨行者 追殺而屠食 如 山禽野獸而不顧云 人之類滅而盡矣."

16 『쇄미록』 1595년 2월 6일 일기. "前者一郡監官甚多 又且巡使定送軍官三員 或董役焰焇 或督捧作米 耗費極煩 因此官儲蕩盡 非但此也 凡使命之來 小不 如意 捶撻下吏 至於鄉任亦遭刑杖之辱 此皆因太守庸劣 爲人輕賤 上下不能安

保 皆懷規避之計 任鄕所者亦皆庸頑無識 每每生事 職此之由 今太守之來 卽令發還軍官 又廢監官 皆自親執 改定鄕任 爲一邑之望 盡除煩費 民生庶可息肩 而皆有樂生之心 人之賢愚 何如是懸絶也? 守令之不可不擇 於此亦可知矣 余亦來寓此地 于今三載 太守遞改者五 而慣聞居民及品官之言 尹堅鐵稍優而貪 任克次之 最劣者李久洶 深伏者任克之淸簡一節矣."

17 『쇄미록』 1594년 4월 7일 일기. "近日 長以木葉爲上下朝夕之供 而木葉亦將堅實不柔 勢難補食 山菜亦非所産 尤難得焉 未及麥熟 擧爲溝中之瘠矣 恨嘆奈何奈何."

18 『쇄미록』 1594년 6월 26일 일기. "近來飢困之餘 無聊愁苦之懷 無以敍暢 每對碁局 獨作楸子之戲 非以爲樂 庶欲忘飢 而消遣長日也."

19 『쇄미록』 1595년 8월 4일 일기. "如此亂世 固非仕宦之時 强使就仕 非但爲余一家 垂年老親 長在飢餒中 一弟流落遠地 糊口無所 若得南方一縣 則庶可陪往 姑欲除朝夕之憂 而今至於此 是亦命也 雖嘆恨奈何? 然夷險一節 臣子職分內事 豈可以官之美惡 爲去就之計乎? 姑當往莅 審察可否 他無宣力之地 然後徐爲之處矣."

20 『쇄미록』 1594년 2월 23일 일기. "又乞糧事 送莫丁於咸悅 咸悅雖曰允謙所厚之友 於余則本非親屬 又無曾識之分 待吾家極厚於他人 一月之內 再三度伻乞 而少無難色 一家十口之命 專賴於此 其恩輕重 宜如何報? 徒自感祝而已."

21 『쇄미록』 1594년 6월 27일 일기. "且咸悅喪室後 曾與我家議婚 已許面約 而若過期後結褵 則彼此具有老親 人事未可期 方以爲慮 參奉今在咸悅 謂曰:'如此亂世 若徇禮則後日之患 未可必矣 秋末冬初間 議定何如'咸悅亦有回意 因人達意於咸悅大人溫陽 則溫陽致簡於參奉曰:'正合我意 更與詳議通示'云云 甚可喜也 當欲擇日送人 定期亦計."

22 『쇄미록』 1594년 8월 15일 일기. "朝食後 咸悅還歸 觀其意色 見其妻有喜

23 『쇄미록』 1594년 8월 16일 일기. "大夫人亦送祭餘肉炙二十三串 致書於家人曰: '深賀新婦之佳'."

24 『쇄미록』 1594년 12월 1일 일기. "但近日因病 出入甚多 用度極煩 今則絶粮 只待咸悅之來 而所送至略 可悶可悶! 然有例送之物 今明必來矣."

25 『쇄미록』 1595년 3월 13일 일기. "一月雖得十八斗 每有遑遑不及之憂 煎粥度日."

26 『쇄미록』 1594년 12월 13일 일기. "又聞咸悅望後觀親事 當上京云 然則卒歲無策 尤可悶也."

27 『쇄미록』 1595년 5월 9일 일기. "允斤者累次納物 別無施報之事 一則未安未安 渠必以余爲咸悅倅之舅家 而欲免他口緊急之役也 非吾力之所及 拒之不可 深可慮也."

28 『쇄미록』 1595년 7월 4일 일기. "且南塘津夫芿孫來 納中蘆魚三尾 卽饋酒食 又贈扇柄而送 但無端來獻 必有所以 今雖不言 他日若干請 則何以爲應 初不欲領之 而切於供老親 今姑受之 作湯獻母 又令仲女作膽 適權生員鶴來訪 因與共喫 其餘作片洒鹽 欲用於初八日先君生辰獻奠時耳."

29 『쇄미록』 1596년 10월 23일 일기. "近日 家無助食之物 適有石花負來賣者 米三升換之 夕飯作湯而共喫 但商女之升過大 容兩升 而雖知如此 不得已買食 可歎可歎."

30 『쇄미록』 1593년 6월 1일 일기. "木一疋換牟十斗而來 (중략) 正木一疋 亦換苧布三十五尺 而加給皮牟一斗云 牟之貴 至於此極 他無繼食之路."

31 『쇄미록』 1593년 7월 1일 일기. "且奴莫丁往林川場市 以米二斗五升 貿九升苧布四十尺 又米一斗 生苧二斤二兩而來 穀貴 故正木一疋價 牟四五斗 人皆曰: '前此未聞如此時也' 以故苧價亦如此之賤也."

32 『쇄미록』 1594년 2월 4일 일기. "近日此處穀貴木賤 麤木一疋 米二升 太則三升 又一斗之米 木花則十餘斤 或曰: '十五六斤'云 正六升木 則米一斗四五升捧之云云."

33 『쇄미록』 1594년 5월 16일 일기. "且刀魚場市賣之 則皮牟一斗 或四或五而二十二介 只捧五斗 其餘猶不得賣之 鹽則牟一斗或三升相換矣 然亦未盡賣 必待後日而賣之 或於他邑場市載送 爲販計 但物賤牟貴 市價極微 正木一疋 皮牟六七斗捧之云 當此兩麥浪戾之節 猶且如此 他日尚可知矣."

34 『쇄미록』 1596년 1월 16일 일기. "且彥明得貢木一疋 令許鑽往場市貿米 則可食米十六斗捧來 改斗則十五斗矣 市價到春尤高 若得五六疋木而換米 則三春可無慮矣 家無尺布 奈何奈何?"

35 『쇄미록』 1596년 5월 3일 일기. "且昨日送人林川 取布而來 今日場市 令彥守賣之 捧米十五斗 接置梁山家 後日欲買靑苧 用於婚時爾 極麤而短 猶捧十五斗 市價之高 於此亦可想."

3. 평강에서의 나날들(1597~1600)
: 거래 속 안정의 도모

36 『쇄미록』 1597년 4월 1일 일기. "當午 此縣朽田里居前別監金麟校生許忠金愛日等來見 因與三生步陟東邊斗岸 良久敍話 家主時中作糲供之 此岸上可坐七八人 大川逶迤 淵泓作潭于岸下 深可數丈 高可十餘丈 其北岩壁橫帶而下至此斗起爲岸 如蚕頭半入波心 前臨大野 眞絶勝之地 登岸俯臨 則神魂悸 不可近邊 然風恬浪靜 澄澈無碍 日光所照 水底可見 游魚可數."

37 『쇄미록』 1597년 4월 8일 일기. "還時又進家前川邊見之 則絶壁削立 高可百餘丈 長川流注其下 渟瀦成潭 深不可測 訥魚錦鱗咸萃其中 游泳波心 白沙

汀畔 綠柳成行 眞絕勝之地也."

38 『쇄미록』 1597년 5월 5일 일기. "端陽佳節也 年前此日 余自咸悅 乘舟熊浦 溯流而上 直到南塘津 左右觀望 南北兩岸人家 處處高結秋千 少長咸會爲戲 今來峽中 無一處結秋千戲 山中人俗 可謂淳朴 而無繁華氣象 (중략) 且前年 今日在林郡時 亡女結秋千於籬內桃枝 與苪明兩兒爲戲 忽然念到 不覺悲淚添 襟也 哀哉! 汝何先亡 使余觸物思念 傷痛之心 愈久而愈極耶?"

39 『쇄미록』 1597년 7월 4일 일기. "且近日無聊 因覽癸巳甲午日記 其間流離 病患飢寒艱楚之狀 不可勝言 然膝下七男妹皆無故生存 雖有時艱食之歎 無悲 痛傷懷之心 自入來峽中之後 糧饌繼用 又得佳味 供親養下 無有闕時 可以無 憂 而今則每逢佳辰盛饌 則輒自悲涕不已 只因季女先亡故也 甲午春夏 方阻飢 窮困之中 長與季女作楸子之戲 消遣無聊之懷 今不可得 哀慟尤極尤極 嗟乎吾 女! 汝何去我而先亡 使我有無窮之悲痛耶? 哀哉哀哉!"

40 『쇄미록』 1598년 4월 3일 일기. "唐兵十餘名來擾荒村人家 奪人財物 亂打 居民 因歸圓寂寺云 恐其來此 生員一家咸會于此 閉門固拒之計 但此處人 皆 以軍粮輸運事 出去未還 彼衆不能制 深慮不已 若自圓寂踰嶺向伊川之路 則其 幸可言?"

41 『쇄미록』 1598년 7월 21일 일기. "因聞唐兵三十餘名 自鐵原地來在朔寧地 去此不遠 只隔一嶺 到處作亂 奪人牛馬財物 少有不從其言 焚毀人家 打傷人 物云 深恐越來也 然昨日來宿 而至今無形影 必向安峽兎山之路矣."

42 『쇄미록』 1597년 3월 19일 일기. "講經之人二百餘人 而所擢只十九人云云 吳門玄高以下無登第之人 今者余子始捷 從此庶有繼起之望 一門之慶 如何可 言? 尤極喜幸喜幸 先君在天之靈 想必喜慶於冥冥之中."

43 『쇄미록』 1597년 4월 16일 일기. "乃是初至迎紅牌例給事故也."

44 『동국여지지東國輿地誌』 7권, 「강원도江原道」 '평강현平康縣' 항목의 '명환名宦'

조에 오윤겸吳允謙에 관한 서술이 보인다. "선조조에 평강 현감이 되었다. 현에 재임한 5년간 경내가 크게 다스려졌다. 당시 정구鄭逑가 관찰사가 되어 순찰하다가 현에 이르러 오윤겸을 만났는데, 행동거지가 단정하고 고상하며 언사가 자세하고 분명하여 질문에 맞추어 해명하는 것이 물 흐르듯 하므로 저도 모르게 감복하였다. 방 안으로 이끌고 들어와 앉아 밤새도록 일을 논하고서 기뻐하며 말하기를 '참으로 금옥金玉 같은 군자이다.'라고 하였다(宣祖朝 爲平康縣監 居縣五年 境內大治 時鄭逑爲觀察使 巡到縣見允謙 擧止端雅 言辭詳敏 隨問剖決如流 不覺心服 引坐房內 達夜論事 喜曰: '眞金玉君子也')."

45 『쇄미록』 1598년 8월 16일 일기. "晩後 金彦臣母披髮奔來 泣訴曰: '去月官納收米未納事 色掌嚴督 拽髮亂打 不勝其苦'云 乃於前月中 因阻水 人不得通縣 兩日絶粮 上下僅辦粥食 而一日朝食頓絶 無以爲措 適聞彦臣家收米 時未納官云 不得已取來用之 卽致書謙處 又且來覲時 面言減錄事 書名而付之 猶恐忘却 其後又使允諧 又書其名而送 今至月餘 別無督納之令 意謂已減 而前數日, 彦臣母來言曰: '其收米事色掌督納之, 何以爲耶?' 余曰: '更致書問之 後若更督 則吾當備納之 勿疑勿疑' 其日 適有入縣人 因修書此意 則答曰: '當依減 而但似涉不公 心甚未安'云云 吾亦方以爲不安 而今果如此 其爲慚愧無顔 可勝言哉? 若以其時爲言不可 則當以所送粮備納 而終不言不可之意 含黙已久 竟至於此 追恨奈何? 大槪留此數年 察觀此地人心 謙也方在莅邑 頗有頑悍之事 而時聞罵詬之言 若一朝遞去 則必遭慢辱不少 欲於明春間未遞前 陪老親 吾當先移他處爲計 然時事如此 恐不可必也 謙也性本過於寬緩 又且善忘 雖敎下吏 下吏本不畏懼不從令 致有此患 吾已知其弊 而不忍一朝之艱食 强使減不可之事 終乃失信於老嫗 逢辱極多 悔嘆奈何奈何? 自今後 庶可知戒 而不爲苟且之事也 今日婢玉春入縣 故其未納收米一斗六升備送 使之納官 永絶後患也."

46 『쇄미록』 1598년 1월 24일 일기. "夕 全貴實來謁 負太一石來呈曰: '欲減京城刈草軍 因此賄之' 怒而斥之 更使勿來."
47 해당 거래에 관해서는 선행 연구에서 언급한 바가 있다. 이성임, 「조선중기 오희문가의 상행위와 그 성격」, 『조선시대사학보』 8, 조선시대사학회, 1999, 54-55쪽을 참고할 수 있다.
48 『쇄미록』 1600년 7월 26일 일기. "前送貿鞋木四疋 其寺僧等還付億守而送之 未知其故也 竊聞貿鞋商人多集其寺云 必欲賤售而然也."
49 『쇄미록』 1598년 12월 25일 일기. "金彦臣還來曰: '上京行到漣川地 因雨雪路險 驅牛不進 故不得入京而還來 中路適逢京商人 所持熊皮捧中木四疋而納之' 必不至此 是亦空得之物 雖使光奴賣之 必不准價而納矣 姑置而受之 但持去銀魚不售而還納 歲後必價微不可賣矣 近邑曾以御史軍粮所貿銀魚 多數散于民間 亦不得販于此處 勢將空棄 可恨可恨."

4. 물품 매매 및 물자 조달과 노비의 역할

50 『쇄미록』에 기록된 오희문 소유 노비의 전체 규모에 관해서는 선행 연구에서 정리한 바가 있다. 이성임, 「임진왜란기 해주오씨 집안의 官屯田과 차경지 경작−吳希文의 『瑣尾錄』을 중심으로−」, 『조선시대사학보』 101, 조선시대사학회, 2022, 99쪽을 참고할 수 있다.
51 노 막정莫丁에 대해서는 선행 연구에서 언급한 바가 있다. 이성임, 「임진왜란기 해주오씨 집안의 官屯田과 차경지 경작−吳希文의 『瑣尾錄』을 중심으로−」, 『조선시대사학보』 101, 조선시대사학회, 2022, 103-104쪽을 참고할 수 있다.
52 『쇄미록』 1593년 4월 21일 일기. "多違所授之敎 買之亦多不實 雖不自偸

想必見欺也 可憎可憎."

53 『쇄미록』 1595년 12월 12일 일기. "必不久死矣 不祥不祥."
54 『쇄미록』 1595년 12월 16일 일기. "不勝哀慟."
55 『쇄미록』 1595년 12월 17일 일기. "恐不成事也."
56 『쇄미록』 1600년 12월 15일 일기. "亡奴莫丁死日也 設飯而祭之 平日有勞於吾家故也."
57 『쇄미록』 1597년 11월 26일 일기. "德奴則飜同之物 盡爲見失 至於馬亦斃於陽智農家云 雖曰: '痛甚' 奈何奈何? 意爲死也 而不死生還 一則多幸多幸."
58 노 광이光伊에 대해서는 선행 연구에서 언급한 바가 있다. 이성임, 「조선중기 오희문가의 상행위와 그 성격」, 『조선시대사학보』 8, 조선시대사학회, 1999, 56~58면을 참고할 수 있다.
59 『쇄미록』 1598년 6월 13일 일기. "此處所儲豹皮二令 付送于光奴處 使之賣送矣 前日無可信者 故今始送之."
60 『쇄미록』 1600년 8월 21일 일기. "光奴不在 凡市事無可信任者."
61 『쇄미록』 1600년 5월 23, 24일 일기. "光奴家人等 今日發去 母主前修書付送 藥果一笥亦送 乃去月忌祭時用餘爲儲 久無人往 今始送矣 結城報恩及延安海州四子女處 亦修信寄送 使光奴因便傳送矣."
62 『쇄미록』 1600년 2월 14일 일기. "又聞去年所沈醬瓮 一坐容入十五斗非之一盆 而光奴更不聽吾敎 先自放賣 只奉銀子一兩四戔云 計其木疋 則不過四五疋矣 尤可痛甚 笠子買價 銀子四戔中木二疋 所着破笠計銀三戔而給之 都計則銀子一兩一戔 而今來笠子不好 光奴所爲 每每如此 痛憤痛憤."
63 『쇄미록』 1593년 1월 13일 일기. "唯一香婢 獨任衆役 不勝其苦."
64 『쇄미록』 1593년 10월 21일 일기. "目前者釀酒四升 今日令香婢 持而換米於場市 欲以此爲明日之資 如此風雪 急於口養 見酒不飮一杯 可嘆可嘆."

65 『쇄미록』 1593년 11월 22일 일기. "且昨日香婢賣酒於場市 而所賣價米幷與盛帒 見失而空還 可笑可笑 欲得一分之餘 以補其不足 而返與其本而具失 尤可嘆也."
66 『쇄미록』 1593년 윤 11월 12일 일기. "且昨日場市賣酒事 香婢與鄭司果宅婢墨介 酒八壺戴去 而中道墨介跌足踣地 並與盛缸而墜破 空還 可笑 缸則隣人之物 不得已買償."

5. 생활을 위한 가축 거래 및 관리의 양상

67 『쇄미록』에 기록된 오희문의 토지 경작에 관해서는 선행 연구에서 정리한 바가 있다. 이성임, 「임진왜란기 해주오씨 집안의 官屯田과 차경지 경작 – 吳希文의 『瑣尾錄』을 중심으로 – 」, 『조선시대사학보』 101, 조선시대사학회, 2022, 81-113쪽을 참고할 수 있다.
68 『쇄미록』 1600년 7월 28일 일기. "全貴實 半稷十六斗來納 乃去春耕牛價也 去春耕田時 吾家兩牛 連三日耕田 約曰: '秋來 豆則十五斗 米則十斗備納' 而聞吾家近日窘甚 故先備納之 一斗春 米四升式爲準 欲以此上京時爲糧矣."
69 『쇄미록』 1599년 4월 20일 일기. "招牛醫 治牛足蹇處 熊脂松脂及蠟交雜 以鋤柄 灼成穴處."
70 『쇄미록』 1599년 5월 3일 일기. "欲賣牛價微 欲買馬價高 皆不得售."
71 『쇄미록』 1600년 8월 21일 일기. "麟兒老雄牛放賣 捧銀七兩三錢 欲以此買馬 若不得則當換木積置 待其價歇而買之爲計."
72 『쇄미록』 1599년 윤 4월 28일 일기. "木十六疋亦持去 亦欲買馬爲計."
73 『쇄미록』 1599년 6월 14일 일기. "且聞㐷知得買好馬 上京還來 (중략) 當初買時 給牛大小幷三而得之 未經一月而斃云."

74 『쇄미록』 1599년 6월 16일 일기. "但光奴買雌馬而送 非但行步遲鈍 腰下受病 上下山時 腰曳而行 不能任載云 如此病馬 何以買送耶? 必價微故也 銀四兩三錢半給之 (중략) 馬價極高 雖病馬如此云 計木則十三疋."

75 『쇄미록』 1600년 11월 8, 9일 일기. "謙兒率德奴等 乘昏入來 (중략) 麟兒馬買來 銀子五兩八錢給之云."

76 『쇄미록』 1599년 8월 13일 일기. "朝入 接唐兵 奪吾馬騎去 德奴隨後推來 (중략) 欲放吾馬 而近日馬價還賤 不得售 可恨 然過秋夕 更欲留數日放之計."

77 『쇄미록』 1595년 6월 29일 일기. "騎蹇馬往來 觀其行步如何 若值丘陵上下 則甚爲艱澁 而至於平坦則暫蹇 若更針治 不使十餘日 則庶可永差矣 然重載遠行 則還蹇云 意欲因其差 而放賣耳."

78 『쇄미록』 1597년 5월 10일 일기. "平康鹿肉付送 卽與妻孥共之 久阻之餘 或燒或烹而食之."

79 『쇄미록』 1599년 6월 7일 일기. "家中掃盡無餘 采物亦不得用 況望魚肉乎?"

80 『쇄미록』 1600년 2월 25일 일기. "慈氏送木半疋於京市 貿烹肉一塊 饋之 肉價極重 正如一拳."

81 『쇄미록』 1599년 6월 19, 20일 일기. "但見平康書 奴世萬及其妾家兩婢 皆食砒知死馬肉 生毒危苦 勢不可救 不祥不祥 常人之情 雖目見其毒 而不忍一時之慾 輒食生毒死者 比比有之 可知人慾難禦也如是."

82 『쇄미록』 1597년 7월 5일 일기. "非官力 如此時得嘗雉肉 極難矣."

83 『쇄미록』 1597년 7월 15일 일기. "兒雉連續得食 亦知官之力也."

84 『쇄미록』 1597년 10월 2일 일기. "夕 全豊自縣臂鷹入來 平康致書曰: '此鷹授全豊使放分雉'."

85 『쇄미록』 1598년 10월 18일 일기. "夕 金業山自縣臂鷹入來 乃平康覓送 使業山除雜役馴放 捉雉入納于此矣."

86 『쇄미록』 1600년 10월 9일 일기. "陳鷹今已馴熟 今日欲放 而安峽居進守持價來謁 切欲賣之 初不欲許之 更思則雖入馴可放 而家無知鷹者 每借他人力放而分雉 則所得不多 況且此鷹曾經鼻疾 若放之而前證復發 則更不可救 若或見逸 則返失其本 人亦多勸賣之 故從其願賣之 奉中 回捧六疋內外新件白木襦中赤莫一 價折正木二疋 而給送 又約後日雉十首捉獻矣 此鷹今已再陳 而今年則極善陳 前後無一介舊羽 其色如銀 人皆欲買 而以價高爲嫌 進守知其良才 故買去矣 麟兒十餘日晝夜 親自不寐臂馴 今日使億守放之爲約 而不見一雉而給送 如失所寶, 恨歎奈何?"

87 『쇄미록』 1598년 2월 29일 일기. "家畜猫兒 令德奴持往浮石寺 付僧德寶處 使之留畜 待秋還送事言送 前有約故也 欲養鷄雛而不去猫 則必有所害爾."

88 『쇄미록』 1594년 4월 22일 일기. "無處摘桑."

89 『쇄미록』 1596년 5월 13일 일기. "香婢逐日摘桑 所摘至少."

90 『쇄미록』 1597년 4월 22일 일기. "摘桑滿載而還."

91 『쇄미록』 1598년 5월 4일 일기. "雖日日滿駄摘來 翌日則未及."

92 『쇄미록』 1599년 윤 4월 16일 일기. "昨日摘來桑葉 滿載而來 無所用."

93 『쇄미록』 1598년 5월 18일 일기. "昏 蠶薪下衆鼠爭鬪 女息明燈擧薪而觀之 大鼠五六頭奔走而出 蠶繭盡破 積之如丘 蠶之未及作繭者 亦盡唅噬而腐朽 腥醜滿床 不勝痛憤 卽移薪他處 然已爲偸去噬破者 幾三分之一 今年廢農 專事桑蠶 而終爲惡鼠所毁 返歸虛地 可嘆奈何? 去春 欲養鷄雛 所畜猫出送于浮石寺 故衆鼠無所忌憚 至於恣行如此 可謂 '一利之興 一害之伏' 也 顧無制捕之術 徒增痛骨而已."

6. 번동反同, 시세 차익의 기대와 굴절

94 『쇄미록』 1595년 12월 18일 일기. "莫丁本居平壤 而年十四 捉來使換 今至 三十七年 凡諸處奴婢收貢 年年木花反同 兒輩婚時 乞求等事 專任."

95 『쇄미록』에 언급된 '번동反同'에 관해서는 다음의 서술을 참고할 수 있다. "『쇄미록』에는 '反同'(翻同)이라는 용어가 20여 차례 나온다. 미야지미 히로시宮嶋博史는 이를 어떤 물건, 예를 들면 가격이 싼 곳에서 구입한 면포를 비싼 곳으로 운반하여 판매하는 행위라고 이해한다. 그러나 고려시대에는 지배층들이 權勢, 身分, 物力 등을 동원하여 강행하는 상행위란 의미로 사용되었다. 『쇄미록』에는 목화반동木花反同, 지초반동芝草反同이라 하여 反同이라는 것이 교역행위를 일컫기도 하고, 翻同之物, 反同木을 교역해 온 물품 내지는 이에 필요한 本錢이란 뜻으로 사용하고 있다. 그러므로 反同은 交易, 貿, 購買 등과 같은 의미로 사용된 것이다. 다만 반동이 목화와 같이 격지간을 이용한 교역에만 사용되는 것이므로 이를 원격지교역으로 보아도 별 무리가 없을 것 같다. 실제 오희문은 원격지 교역을 木花反同事, 自己反同事라 칭하고 있다. 그러므로 '다른 물건끼리 값을 쳐서 셈을 따진다'는 의미와는 다소 거리가 있음을 알 수 있다." -이성임, 「조선중기 오희문가의 상행위와 그 성격」, 『조선시대사학보』 8, 조선시대사학회, 1999, 60-61쪽.

96 『쇄미록』 1593년 5월 28일 일기. "前者買木於場市 欲於此時貿牟而食 今聞市價極減 正木之直 牟不過十二三斗云 前日之計 返歸虛矣 過夏極難 渾悶可言."

97 『쇄미록』 1600년 8월 3일 일기. "昨日 德奴持木端 貿柳器於安峽白丁家 不得 空還矣 欲貿芒鞋柳器等物 上京賣之 留本取末爲用之計 而皆不得售 尤可悶也."

참고문헌

1. 자료

오희문(저), 전주대학교 한국고전학연구소(역), 『쇄미록』, 사회평론아카데미, 2018.

2. 단행본

김대길, 『시장을 열지 못하게 하라』, 가람기획, 2000.
이영훈, 『한국경제사1』, 일조각, 2019.
오희문 지음, 신병주 해설, 『한권으로 읽는 쇄미록』, 사회평론아카데미, 2020.
오희문 지음, 서윤희 풀어씀, 『청소년을 위한 쇄미록』, 사회평론아카데미, 2024.

3. 논문

高星鎬, 「조선 후기 地方 場市의 분포와 특징 - 전주·남원을 중심으로 - 」, 『대동사학』 3, 대동사학회, 2004.
김경태, 「『쇄미록』에 나타난 임진왜란 관련 정보의 전달 양상」, 『역사와 담론』 99, 호서사학, 2021.
_____, 「임진전쟁과 여성의 삶 - '쇄미록'을 중심으로 - 」, 『한일관계사연구』 78, 한일관계사학회, 2022.
김대길, 「조선 후기 장시 발달과 사회·문화 생활 변화」, 『한국학』 35(4), 한국학중앙연구원, 2012.

김미혜, 「『쇄미록鎖尾錄』에 기록된 16세기 사대부가 절사節祀와 세시음식歲時飮食 연구」, 『한국식생활문화학회지』 35(1), 한국식생활문화학회, 2020.

김성진, 「『瑣尾錄』을 통해 본 士族의 生活文化-음식문화를 중심으로-」, 『동양한문학연구』 24, 동양한문학회, 2007.

김소연, 「『쇄미록』에 나타난 오희문의 전란 체험과 가족애」, 『가족과 커뮤니티』 4, 전남대학교 인문학연구원, 2021.

김연수, 「『쇄미록』에 나타난 16세기 혼맥婚脈과 친족관계」, 『한국민속학』 75, 한국민속학회, 2022.

박미해, 「조선중기 수령의 가족부양으로 본 長子의 역할과 家의 범위-오희문가의 평강생활(1596-1600년)을 중심으로」, 『사회와역사』 75, 한국사회사학회, 2007.

_____, 「조선중기 예송例送·증송贈送·별송別送으로의 처가부양: 오희문의 『쇄미록瑣尾錄』을 중심으로」, 『한국사회학』 42(2), 한국사회학회, 2008.

방기철, 「임진왜란기 오희문의 전쟁체험과 일본인식」, 『아시아문화연구』 24, 가천대학교 아시아문화연구소, 2011.

송수진, 「임진왜란기 사족士族 부형父兄의 형상화-『쇄미록鎖尾錄』을 중심으로」, 『국학연구』 46, 한국국학진흥원, 2021.

신동원, 「조선후기 의약생활의 변화: 선물경제에서 시장경제로-『미암일기』, 『쇄미록』, 『이재난고』, 『흠영』의 분석」, 『역사비평』 75, 역사비평사, 2006.

신병주, 「조선중기 생활사의 보고寶庫 쇄미록鎖尾錄」, 『선비문화』 17, 남명학연구원, 2010.

_____, 「16세기 일기 자료 『瑣尾錄』 연구-저자 吳希文의 피난기 생활상을

중심으로-」, 『조선시대사학보』 60, 조선시대사학회, 2012.

윤효정, 「일기자료를 통해 본 16세기 사대부층의 자기磁器 구득과 사용-『묵재일기』, 『미암일기』, 『쇄미록』을 중심으로-」, 『한국문화연구』 46, 이화여자대학교 한국문화연구원, 2024.

이경식, 「16世紀 場市의 成立과 그 基盤」, 『한국사연구』 57, 한국사연구회, 1987.

이성임, 「조선중기 오희문가의 商행위와 그 성격」, 『조선시대사학보』 8, 조선시대사학회, 1999.

_____, 「임진왜란기 해주오씨 집안의 官屯田과 차경지 경작-吳希文의 『瑣尾錄』을 중심으로-」, 『조선시대사학보』 101, 조선시대사학회, 2022a.

_____, 「16세기 양반의 稱念 수수와 그 인적 배경」, 『史林』 82, 수선사학회, 2022b.

이유진, 「『쇄미록』에 투영된 임진란에 대한 책무의식과 감정의 파고」, 『Journal of Korean Culture』 54, 한국어문학국제학술포럼, 2021.

이정수, 「16세기 중반~18세기 초의 貨幣流通 실태-生活日記類와 田畓賣買明文을 중심으로-」, 『조선시대사학보』 32, 조선시대사학회, 2005.

장혜지, 「임진왜란기 오희문 가문의 식생활 및 찬품 교류-『쇄미록』을 중심으로-」, 『역사와 실학』 83, 역사실학회, 2024.

전경목, 「日記에 나타나는 朝鮮時代 士大夫의 일상생활-吳希文의 「瑣尾錄」을 중심으로」, 『정신문화연구』 19(4), 한국학중앙연구원, 1996.

정성미, 「〈쇄미록〉 연구」, 원광대학교 박사학위논문, 2003.

_____, 「조선시대 사노비의 사역영역과 사적영역-〈鎖尾錄〉에 나타나는 사례를 중심으로」, 『전북사학』 38, 전북사학회, 2011.

차경희, 「쇄미록鎖尾錄을 통해본 16세기 동물성 식품의 소비 현황」, 『한국식품조리과학회지』 23(5), 한국식품조리과학회, 2007.

최기숙, 「조선시대 노-주의 연결망과 공동체성, '아카이브 신체'-『쇄미록』의 노비 기록에 대한 문학해석학적 연구-」, 『민족문화연구』 100, 고려대학교 민족문화연구원, 2023.